TÄIELIK CHAI RAAMAT

Chai elustiili meisterdamine, maitsmine ja omaksvõtt 100 kiire ja maitsva retsepti kaudu

Piret Kivi

Autoriõigus materjal ©2024

Kõik õigused kaitstud

Ühtegi selle raamatu osa ei tohi mingil kujul ega vahenditega kasutada ega edastada ilma kirjastaja ja autoriõiguse omaniku nõuetekohase kirjaliku nõusolekuta, välja arvatud ülevaates kasutatud lühikesed tsitaadid. Seda raamatut ei tohiks pidada meditsiiniliste, juriidiliste või muude professionaalsete nõuannete asendajaks.

SISUKORD

- SISUKORD 3
- SISSEJUHATUS 6
- KLASSIKALINE CHAI 7
  1. Traditsiooniline Masala Chai 8
  2. Ingver Honey Chai 10
  3. Kardemon Rose Chai 12
  4. Chai Kurdi 14
  5. Minty Green Tea Chai 16
  6. Kookose kardemon Chai 18
  7. vene Chai _ 20
  8. Safrani mandli chai 22
  9. Pumpkin Spice Chai Latte 24
  10. Lavendel Earl Grey Chai 26
  11. Saigon Chai 28
  12. Šokolaad Chili Chai 30
  13. Apple Kaneeli Chai 32
  14. Mustika vanilje Chai 34
  15. Cayenne Chai 36
  16. Malaisia Chai 38
  17. Cinnamon Butterscotch Chai 40
  18. Apelsini-muskaatpähkel Chai 42
  19. Masala Chai 44
  20. Vanill Caramel Chai Latte 46
  21. Kaneeli pirni jäätunud Chai 48
  22. Nelk ja muskaatpähkel apelsini chai 50
  23. Aniisiseemnetega vürtsitatud chai 52
  24. R osmariini veini Chai 54
  25. Brasiilia pähkli chai tee latte 56
  26. Pistaatsia jaatunud chai 58
  27. Chai Boba tee 60
  28. Vermitud oranž Chai 62
  29. Rosy Black Chai 64
  30. Hibiscus Rose Chai 66
  31. Araabia pistaatsia tee mocktail 68
  32. Nutty Chai Bliss 70
  33. Hyderabadi Dum Chai 72
- HOMMIKUSÖÖK 74
  34. Chai Latte puder 75
  35. Chai vürtsikas kuum šokolaad 77
  36. Pumpkin Chai pannkoogid 79
  37. Chai'ga infundeeritud vürtsikas kaerahelbed .. 81

38. Chai-vürtsiga prantsuse röstsai 83
39. Chai Latte muffinid Chai-vürtsiga Streuseliga 85
40. Chai-vürtsiga super turske granola 88
41. Chai vahvlid banaanikreemi siirupiga 91
42. Chai Biscotti valge šokolaadiga 94
43. Chai-vürtsidega cruffins 97
44. Chai maitsestatud kaneelirullid 101
45. Chai vürtsikas leib 104
46. Chai maitsestatud õunasiidri sõõrikud 107

SUUPISTED 110

47. Chai vürtsidega küpsised 111
48. Chai vürtsidega Churros 113
49. Chai vürtsikreekerid 116
50. Chai vürtsidega Madeleines 118
51. Chai vürtsidega röstitud pähklid 121
52. Maple Chai Chex segu 123
53. Chai maitsestatud riisiga Krispie maiuspalad 126
54. Chai Spice energiapallid 128
55. Chai-vürtsiga Snickerdoodles 130
56. Vürtsitud pliidipopkorn 132
57. Masala Papad 134
58. Röstitud Masala pähklid 136
59. Chai-vürtsiga röstitud mandlid ja india pähklid 138
60. Chai vürtsidega röstitud pähklid 140
61. Kikerhernepaprikad 142
62. Põhja-India hummus 144

MAGUSTOIT 146

63. Chai teekann de kreemiga 147
64. Chai teega infundeeritud pruunid 150
65. Chai vürtsikas flan 152
66. Chai pähkli jäätise võileib 154
67. India Masala Chai Affogato 156
68. Chai-kookospiima Boba popsicles 158
69. Chai Latte koogikesi 160
70. Masala Chai Panna Cotta 164
71. Chai-vürtsiga riisipuding 166
72. Chai juustukook 169
73. Masala Chai Tiramisu 172
74. Chai Spice õunakrõps 175
75. Chai-vürtsiga šokolaaditrühvlid 178
76. Chai jäätis 180

KOKTEILID JA MOKTEILID 183

77. Chai ingveri bourboni kokteil 184

78. Chai Martini 186
79. Chai valge venelane 188
80. Vanilje Chai vanamoodne 190
81. Chai Hot Toddy retsept 192
82. Jõhvika Chai Sangria 194
83. Chai Sparkler 196
84. Chai vaarika limonaad 198
85. Ch ai Cooler 200
86. Pärsia safrani ja roosi tee 202
87. Vürtsikas Baklava tee mocktail 204
88. Roosa pipra tee 206
89. Laimi ja tee Mocktail 208
90. Maitsestatud Chai Tango 210
91. Apelsini ja granaatõuna melassi tee 212
92. Kummel Citrus Bliss 214
93. Hibisk-ingver kaljudel 216
94. Hibiski-viinamarja jäätee Mocktail 218
95. Apelsiniõie jäätee 220
96. Jasmin Jallab 222
97. Egiptuse beduiini tee värskendaja 224
98. Vimtost inspireeritud Tea Mocktail 226
99. Araabia stiilis safrani piparmündi tee 228
100. Tiibeti võitee apteegitilliga 230

KOKKUVÕTE 232

SISSEJUHATUS

Tere tulemast raamatusse "TÄIELIK CHAI RAAMAT", mis on teie ülim juhend chai elustiili meisterdamiseks, maitsmiseks ja omaksvõtmiseks 100 kiire ja maitsva retsepti kaudu. See raamat tähistab chai rikkalikku ja aromaatset maailma, juhatades teid maitsekale teekonnale, mis uurib chai valmistamise, nautimise ja erinevate kulinaarsete naudingute kaasamise kunsti. Liituge meiega sellel aromaatsel seiklusel, mis tõstab chai armastatud joogist elustiiliks.

Kujutage ette hubast ruumi, mis on täidetud värskelt pruulitud chai sooja ja kutsuva aroomiga, mida saadavad veetlevad hõrgutised, millele on lisatud chai vürtse. "TÄIELIK CHAI RAAMAT" ei ole ainult retseptide kogum; see uurib erinevaid maitseid, vürtse ja kultuurilist tähtsust, mida chai lauale toob. Olenemata sellest, kas olete chai-entusiast või vürtsiteemaailma uustulnuk, need retseptid on loodud selleks, et inspireerida teid iga lonksu ja suutäiega chai essentsi maitsta.

Alates klassikalisest masala chaist kuni leidlike chai-ga magustoitude ja soolaste roogadeni – iga retsept tähistab chai poolt pakutavat mitmekülgsust ja soojust. Olenemata sellest, kas korraldate chai-teemalist koosviibimist või soovite lihtsalt oma igapäevast rutiini täiustada, on see raamat teie jaoks parim allikas chai maitsete täieliku spektri kogemiseks.

Liituge meiega, kui sukeldume chai maailma, kus iga looming annab tunnistust lohutavast ja aromaatsest teekonnast, mida chai armastajad hellitavad. Niisiis, haarake oma lemmikkruus, võtke omaks vürtsi ja asume maitsvale ja chai täis seiklusele läbi "TÄIELIK CHAI RAAMAT".

KLASSIKALINE CHAI

1. Traditsiooniline Masala Chai

KOOSTISOSAD:
- 2 tassi vett
- 2 tassi piima
- 4 teelusikatäit lahtiseid teelehti või 4 teepakki
- 4 rohelist kardemoni kauna, purustatud
- 1 kaneelipulk
- 4 nelki
- 1-tolline ingver, riivitud
- Suhkur maitse järgi

JUHISED:
a) Sega kastrulis vesi, piim, kardemon, kaneel, nelk ja ingver.
b) Kuumuta segu keemiseni, seejärel alanda kuumust ja hauta 5 minutit.
c) Lisage teelehed või teekotid ja hautage veel 5 minutit.
d) Kurna chai tassidesse ja magusta maitse järgi suhkruga.

2.Ingver Honey Chai

KOOSTISOSAD:
- 2 tassi vett
- 2 tassi piima
- 4 teelusikatäit musta tee lehti või 4 teepakki
- 1 spl riivitud värsket ingverit
- 2 supilusikatäit mett
- Näputäis musta pipart (valikuline)

JUHISED:
a) Keeda kastrulis vesi ja piim koos.
b) Lisa teelehed või -kotid ja riivitud ingver.
c) Hauta 7-8 minutit, lase maitsetel haududa.
d) Eemaldage kuumusest, kurnake ja segage mesi.
e) Soovi korral lisa näpuotsaga musta pipart. Serveeri kuumalt.

3.Kardemon Rose Chai

KOOSTISOSAD:
- 2 tassi vett
- 2 tassi piima
- 4 teelusikatäit lahtiseid teelehti või 4 teepakki
- 6-8 rohelist kardemoni kauna, purustatud
- 1 tl kuivatatud roosi kroonlehti
- Suhkur maitse järgi

JUHISED:
a) Kuumuta vesi, piim, kardemon ja roosi kroonlehed kastrulis õrnalt keema.
b) Lisa teelehed või -kotid ja lase 5-7 minutit podiseda.
c) Kurna chai ja maiusta suhkruga vastavalt oma eelistusele.
d) Valikuline: enne serveerimist kaunista mõne kuivatatud roosi kroonlehega.

4.Chai Kurdi

KOOSTISOSAD:
- 1 spl India teelehti
- 1 kaneel; kepp
- vesi, keetmine
- Suhkrukuubikud

JUHISED:
a) Pange tee ja kaneel teekannu ja valage keeva veega.
b) Lase tõmmata 5 minutit.
c) Serveeri kuumalt koos suhkrukuubikutega.

5. Minty Green Tea Chai

KOOSTISOSAD:
- 2 tassi vett
- 2 tassi piima
- 4 teelusikatäit rohelise tee lehti või 4 rohelise tee kotti
- 1 spl värskeid piparmündi lehti, hakitud
- 1-tolline ingver, riivitud
- Mesi maitse järgi

JUHISED:
a) Keeda kastrulis vesi ja piim koos.
b) Lisa rohelise tee lehed, riivitud ingver ja hakitud piparmündilehed.
c) Hauta 5-7 minutit, lastes maitsetel sulada.
d) Kurna chai, magusta meega ja serveeri kuumalt.

6. Kookose kardemon Chai

KOOSTISOSAD:
- 2 tassi vett
- 1 tass kookospiima
- 1 tass tavalist piima
- 4 teelusikatäit lahtiseid teelehti või 4 teepakki
- 4-6 rohelist kardemoni kauna, purustatud
- 2 supilusikatäit hakitud kookospähklit
- Suhkur maitse järgi

JUHISED:
a) Sega kastrulis vesi, kookospiim, tavaline piim, kardemon ja riivitud kookospähkel.
b) Lase segul keema tõusta, seejärel lisa teelehed või -kotid.
c) Hauta veel 5-7 minutit.
d) Kurna chai, magusta suhkruga ja naudi kookospähkliga maitsestatud headust.

7. vene Chai

KOOSTISOSAD:
- 2 tassi Tang
- ¾ tassi Tavaline lahustuv tee
- 1 tass Suhkur
- 1 teelusikatäis Kaneel
- 3 untsi Country Time limonaadisegu
- ½ teelusikatäit Nelk
- ½ teelusikatäit Vürtspipar

JUHISED:
a) Sega kõik läbi.
b) Kasutage 2 kuhjaga teelusikatäit ühe teetassi kuuma vee kohta.

8. Safrani mandli chai

KOOSTISOSAD:
- 2 tassi vett
- 2 tassi piima
- 4 teelusikatäit lahtiseid teelehti või 4 teepakki
- Näputäis safranikiudu
- 1/4 tassi mandleid, peeneks hakitud
- Suhkur maitse järgi

JUHISED:
a) Keeda kastrulis vesi ja piim koos.
b) Lisa safranikiud ja hakitud mandlid.
c) Lase segul 5-8 minutit podiseda.
d) Lisage teelehed või -kotid, leotage, kurnake, magustage suhkruga ja serveerige.

9. Pumpkin Spice Chai Latte

KOOSTISOSAD:
- 2 tassi vett
- 1 tass piima
- 1/2 tassi konserveeritud kõrvitsapüreed
- 4 teelusikatäit musta tee lehti või 4 teepakki
- 1 tl kõrvitsapiruka vürtsi
- Vahtrasiirup või suhkur maitse järgi

JUHISED:
a) Sega kastrulis vesi, piim, kõrvitsapüree ja kõrvitsapiruka vürts.
b) Kuumuta segu seni, kuni see podisema hakkab.
c) Lisa teelehed või -kotid ja hauta 5–7 minutit.
d) Kurna chai, maiusta vahtrasiirupi või suhkruga ja naudi sügisest inspireeritud headust.

10.Lavendel Earl Grey Chai

KOOSTISOSAD:
- 2 tassi vett
- 2 tassi piima
- 4 teelusikatäit Earl Grey teelehti või 4 Earl Grey teepakki
- 1 spl kuivatatud lavendlipungad
- 1 tl vaniljeekstrakti
- Mesi või suhkur maitse järgi

JUHISED:
a) Keeda kastrulis vesi ja piim.
b) Lisage Earl Grey teelehed, kuivatatud lavendlipungad ja vaniljeekstrakt.
c) Hauta 5–7 minutit, lase maitsetel haududa.
d) Kurna chai, magusta mee või suhkruga ja naudi aromaatset segu.

11. Saigon Chai

KOOSTISOSAD:
- 2 supilusikatäit Tee
- 4 tassi keev vesi
- Sidruni viilud
- 12 Terve nelk
- 12 Kõik vürtsised marjad
- 2-tolline kaneelipulk

JUHISED:
a) Asetage tee kuumutatud potti; lisa vett.
b) Lisa nelk, piment ja kaneel; lase tõmmata 5 minutit.
c) Valage läbi sõela kõrgetesse klaasidesse jääle.
d) Kaunista sidruniga.

12. Šokolaad Chili Chai

KOOSTISOSAD:
- 2 tassi vett
- 2 tassi piima
- 4 teelusikatäit musta tee lehti või 4 teepakki
- 2 spl kakaopulbrit
- 1/2 tl tšillipulbrit
- Suhkur maitse järgi

JUHISED:
a) Aja kastrulis vesi, piim, kakaopulber ja tšillipulber keema.
b) Lisa teelehed või -kotid ja hauta 5–7 minutit.
c) Kurna chai, magusta suhkruga ja naudi rikkalikku, šokolaadist soojust koos vürtsika varjundiga.

13. Apple Kaneeli Chai

KOOSTISOSAD:
- 2 tassi vett
- 2 tassi piima
- 4 teelusikatäit musta tee lehti või 4 teepakki
- 1 õun, õhukeselt viilutatud
- 1 kaneelipulk
- Pruun suhkur või mesi maitse järgi

JUHISED:
a) Keeda kastrulis vesi ja piim.
b) Lisa teelehed, õunaviilud ja kaneelipulk.
c) Hauta 7-10 minutit, lastes õuntel pehmeneda ja maitsetel sulada.
d) Kurna chai, magusta pruuni suhkru või meega ning naudi õuna ja kaneeli lohutavat maitset.

14.Mustika vanilje Chai

KOOSTISOSAD:
- 2 tassi vett
- 2 tassi piima
- 4 teelusikatäit musta tee lehti või 4 teepakki
- 1/2 tassi värskeid mustikaid
- 1 tl vaniljeekstrakti
- Suhkur või agaavisiirup maitse järgi

JUHISED:
a) Aja kastrulis vesi, piim, mustikad ja vaniljeekstrakt õrnalt keema.
b) Lisa teelehed või -kotid ja hauta 5–7 minutit.
c) Kurna chai, magusta suhkru või agaavisiirupiga ning naudi mustika ja vanilje nootide mõnusat segu.

15.Cayenne Chai

KOOSTISOSAD:
- 1/8 tl Cayenne'i pulbrit
- 1 spl värsket sidrunimahla
- 1 tl toores mett
- 1 tass keedetud vett

JUHISED:
a) Asetage Cayenne'i pulber kruusi.
b) Vala vesi peale. Sega kohe läbi
c) Lisa sidrunimahl ja mesi. Segage uuesti, et kõik seguneks
d) Jahuta ja siis joo.

16. Malaisia Chai

KOOSTISOSAD:
- 8 tassi Keev vesi
- 4 Kotid rohelise tee või
- 8 teelusikatäit Lahtised rohelise tee lehed
- ½ teelusikatäit Kaneel
- ¼ teelusikatäit Jahvatatud kardemon
- 2 supilusikatäit Suhkur

JUHISED:
a) Asetage kõik koostisosad teekannu ja hautage 2 minutit.
b) Serveeri üksi või purustatud mandlitega.

17.Cinnamon Butterscotch Chai

KOOSTISOSAD:
- 1 tass kuuma teed
- 2 Butterscotch kõvad kommid
- 1 supilusikatäis Kallis
- ½ teelusikatäit Sidrunimahl
- 1 Kaneelipulk

JUHISED:
a) Segage, kuni kommid sulavad, või eemaldage enne joomist kõik ülejäänud tükid

18.Apelsini-muskaatpähkel Chai

KOOSTISOSAD:
- 1 tass Lahustuv tee pulber
- 1 tass Suhkur
- 0,15 untsi apelsinimaitseline joogisegu
- 1 teelusikatäis Jahvatatud muskaatpähkel

JUHISED:
a) Sega kausis kõik koostisosad; segage, kuni see on hästi segunenud.

19.Masala Chai

KOOSTISOSAD:
- 6 tassi -Külm vesi
- ⅓ tassi Piim
- 3" kaneelipulk
- 6 Rohelised kardemonid, terved
- 4 Nelk, terve
- 12 Must pipar
- 12 teelusikatäit Suhkur
- 9 teepakki apelsini pekoe

JUHISED:
a) Sega pannil vesi ja piim ning kuumuta keemiseni.
b) Lisa vürtsid ja suhkur.
c) Sega segunemiseks ja lülita kuumus välja.
d) Katke pann ja laske vürtsidel 10 minutit leotada.
e) Lisage teelehed või teekotid ja laske vesi teiseks keema.
f) Alanda kuumust ja hauta kaane all 5 minutit.
g) Kurna tee sooja teekannu ja serveeri kohe.

20. Vanill Caramel Chai Latte

KOOSTISOSAD:
- 2 tassi vett
- 2 tassi piima
- 4 teelusikatäit musta tee lehti või 4 teepakki
- 2 spl karamelli siirupit
- 1 tl vaniljeekstrakti
- Suhkur maitse järgi

JUHISED:
a) Sega kastrulis vesi, piim, karamellisiirup ja vaniljeekstrakt.
b) Kuumuta segu seni, kuni see podisema hakkab.
c) Lisage teelehed või -kotid ja laske 5-7 minutit tõmmata.
d) Kurna chai, soovi korral magusta suhkruga ja naudi oma vaniljekaramelli chai lattet.

21.Kaneeli pirni jäätunud Chai

KOOSTISOSAD:
- ½ tassi magustamata pirnimahla
- 1 kaneelipulk
- 1 spl sidrunimahla
- 2 ½ supilusikatäit agaavinektarit
- 2 spl värsket ingverit, hakitud
- 6 musta tee pakki
- 6 tassi vett

JUHISED:
a) Aja pannil vesi keema.
b) Lülitage kuumus välja ja asetage kaneelipulk ja teekotid.
c) Laske sellel viis kuni seitse minutit tõmmata.
d) eemaldage teepakkidest ja asetage need ülejäänud koostisosade hulka.
e) Enne serveerimist jahutage 2 tundi.

22.Nelk ja muskaatpähkel apelsini chai

KOOSTISOSAD:
- 1 tl jahvatatud nelki
- 1/4 tassi apelsinimaitselist joogisegu
- 1/4 tassi sidrunimaitselist lahustuva tee pulbrit
- 1/4 tl jahvatatud muskaatpähklit

JUHISED:
a) Sega kõik koostisained.
b) Liigu kannu juurde
c) Vala peale keev vesi.
d) Serveeri kuumalt või jahutatult!

23.Aniisiseemnetega vürtsitatud chai

KOOSTISOSAD:
- 1 tl aniisiseemneid, purustatud
- 2 kaneelipulka
- 1-tolline ingverit, viilutatud
- Kallis
- 2 tl kuivatatud lahtist Echinacea't

JUHISED:
a) Kombineerige vürtsid ja ehhiaatsia potis kolme tassi veega.
b) Kuumuta keemiseni ja keeda siis 1,8 minutit .
c) Kurna kruusi ja lisa mesi .

24. R osmariini veini Chai

KOOSTISOSAD:
- 1 Pudelklaret
- 4 tassi musta teed nagu Assam või Darjeeling
- ¼ tassi mahedat mett
- ⅓ tassi suhkrut
- 2 Apelsinid viilutatud õhukesteks ja seemnetest puhastatud
- 2 Kaneelipulgad
- 6 Terve nelk
- 3 Rosmariini oksad

JUHISED:
a) Valage vein ja tee mittekorrodeeruvasse kastrulisse.
b) Lisa mesi, suhkur, apelsinid, vürtsid ja rosmariin.
c) Hauta kuni vaevu aurab. Sega, kuni mesi on lahustunud.
d) Eemaldage pann tulelt, katke see ja laske 30 minutit tõmmata.

25.Brasiilia pähkli chai tee latte

KOOSTISOSAD:
BRASIILIA PÄHKLIPIIMA KOHTA:
- 1 tass tooreid Brasiilia pähkleid
- 3 tassi värsket puhast vett
- 2 Medjooli datlit, kivideta
- 1 tl vaniljeekstrakti
- 2 spl kookosvõid

MASALA CHAI KOHTA:
- 2-tolline tükk kaneelipulka
- 2 tükki tähtaniisi
- 10 rohelist kardemoni kauna, purustatud
- 6 tervet nelki
- 10 tervet musta pipra tera
- 6 õhukest ümmargust viilu värsket ingverit
- 2 tassi värsket puhast vett
- 3 tl lahtisi musta tee lehti

JUHISED:
BRASIILIA PÄHKLIPIIMA KOHTA:
a) Asetage Brasiilia pähklid kaussi ja katke see puhta veega.
b) Laske seista 6 tundi või üleöö.
c) Blenderda pähklid 3 tassiga vett, 2 datlit, vaniljet ja kookosvõid.
d) Blenderda suurel kiirusel umbes 1 minut.
e) Asetage kurn puhta anuma kohale.
f) Asetage marli kurna peale.
g) Valage segatud piim marli peale.

MASALA CHAI KOHTA:
h) Sega kõik vürtsid potis veega.
i) Kuumuta segu keemiseni, seejärel alanda kuumust keemiseni.
j) Hauta vürtse 5 minutit. Lülitage kuumus välja.
k) Sega hulka musta tee lehed ja lase 10 minutit tõmmata. Kurna läbi sõela.
l) Mõõtke kaussi 1 tass/250 ml pähklipiima.
m) Valage piimale aeglaselt 1/2 tassi/125 ml kuuma vürtsidega vett, pidevalt segades.
n) Seejärel lisa aeglaselt piima ja vee segu tagasi ülejäänud vürtsiveele.

26.Pistaatsia jäätunud chai

KOOSTISOSAD:
- 2 pakki musta tee Assam teed
- 2 tassi kuuma vett
- 1 tl roosikonservi
- 2 tl blanšeeritud ja viilutatud pistaatsiapähklit
- 2 nelki
- 1/2-tolline kaneel
- 1 kardemon
- 1 tl suhkrut valikuline
- 1 näputäis safraniribasid
- 6 jääkuubikut

JUHISED
a) Pane serveerimisklaasid 10 minutiks sügavkülma.
b) Seo terved vürtsid ja tee musliinriide sisse.
c) Kuumuta vesi veerevalt keema. Lisage keevasse vette musliinriie.
d) Laske tee- ja vürtsikottidel 5 minutit tõmmata.
e) Kurna kaussi. Lisa roosikonserv ja ekstra suhkur.
f) Sega hulka pooled pistaatsiapähklid ja sega korralikult läbi.
g) Vala külmutatud klaasidesse.
h) Vajadusel lisage veel mõned kuubikud. Tõsta peale ülejäänud pistaatsiapähklid ja safran.
i) Serveeri kohe jahutatult.

27.Chai Boba tee

KOOSTISOSAD:
- 1 tass kuuma vett
- 2 teepakki chai
- 1-2 spl pruuni suhkrut
- ⅛ tassi piima
- ⅛ tassi aurutatud piima
- ¼ tassi tapiokkpärleid

JUHISED:
a) Laske üks tass vett keema.
b) Lisage 2 chai teekotti ja hautage 5 minutit.
c) Valage see klaasi ja segage veel kuumana 1-2 spl pruuni suhkrut, olenevalt sellest, kui magusat soovite.
d) Seejärel lisa aurutatud piim ja tavaline piim ning sega läbi.
e) Seejärel lisa tapiokkpärlid.

28.Vermitud oranž Chai

KOOSTISOSAD:
- 3 tassi Väga kange tee
- ½ tassi apelsinimahl
- ⅓ tassi Sidrunimahl
- 1 teelusikatäis Suhkur
- 2 tassi Ingveriõlu
- Mint
- Apelsini viilud

JUHISED:
a) Sega tee, apelsinimahl, sidrunimahl ja suhkur. Jahutage.
b) Lisa 2 tassi ingveriõlut.
c) Vala peale jää.
d) Kaunista piparmündi- ja apelsiniviiludega. Saagis: 6 jooki.

29.Rosy Black Chai

KOOSTISOSAD:
- 2 osa roosi kroonlehti
- 1 osa musta teed

JUHISED:
a) Asetage roosi kroonlehed ja must tee klaaspurki.
b) Loksutage, kuni see on põhjalikult segunenud. Ühe serveerimise jaoks asetage üks teelusikatäis teed sõela.
c) Pange kurn oma lemmikkruusi. Valage tee peale kaheksa untsi keeva vett.
d) Laske tõmmata mitte rohkem kui 5 minutit. Eemalda tee ja naudi.

30. Hibiscus Rose Chai

KOOSTISOSAD:
- 2 tassi vett
- 2 tassi piima
- 4 teelusikatäit musta tee lehti või 4 teepakki
- 2 spl kuivatatud hibiski kroonlehti
- 1 spl kuivatatud roosi kroonlehti
- Suhkur või mesi maitse järgi e

JUHISED:
a) Kuumuta vesi, piim, hibiski kroonlehed ja roosi kroonlehed kastrulis õrnalt keema.
b) Lisa teelehed või -kotid ja hauta 5–7 minutit.
c) Kurna c hai, magusta suhkru või meega ja naudi lilletõmmist.

31.Araabia pistaatsia tee mocktail

KOOSTISOSAD:
- 2 tassi kanget araabia musta teed, keedetud
- ¼ tassi kooritud pistaatsiapähklid, purustatud
- 2 spl mett või lihtsat siirupit (maitse järgi)
- ½ tl jahvatatud kardemoni
- ¼ tl vaniljeekstrakti
- Jääkuubikud
- Kaunistuseks purustatud pistaatsiapähklid
- Kaunistuseks piparmündilehed ja granaatõunaseemned

JUHISED:
a) Valmistage tass tugevat araabia musta teed. Sõltuvalt teie eelistusest võite kasutada lahtisi teelehti või teekotte.
b) Purusta uhmris või köögikombainis koorega pistaatsiapähklid jämedateks tükkideks. Kõrvale panema.
c) Sega kausis keedetud must tee, purustatud pistaatsiapähklid, mesi või lihtne siirup, jahvatatud kardemon ja vaniljeekstrakt. Sega hästi, et maitsed seguneksid.
d) Laske segul jahtuda toatemperatuurini. Kiiremaks jahutamiseks võite selle külmkapis hoida.
e) Kui see on jahtunud, täitke serveerimisklaasid jääkuubikutega.
f) Valage pistaatsiapähklitega infusiooniga tee igas klaasis jää peale.
g) Kaunistage iga klaas purustatud pistaatsiapähklite, granaatõunaseemnete ja mõne piparmündilehega värskendava puudutuse saamiseks.
h) Enne rüüpamist segage õrnalt, et kõik maitsed oleksid hästi segunenud.

32.Nutty Chai Bliss

KOOSTISOSAD:
- 2 tassi kuumalt keedetud chai teed
- ¼ tassi mandlipiima
- 2 supilusikatäit mett
- ¼ tl jahvatatud kaneeli
- ¼ teelusikatäit mandli ekstrakti
- Jääkuubikud
- Kaunistuseks tükeldatud pistaatsiapähklid

JUHISED:
a) Keeda chai teed vastavalt pakendi juhistele.
b) Eraldi kausis segage mandlipiim, mesi, jahvatatud kaneel ja mandli ekstrakt.
c) Valage keedetud chai tee jääkuubikutega täidetud klaasidesse.
d) Valage mandlipiimasegu õrnalt chai teele.
e) Maitsete ühtlustamiseks sega kergelt läbi.
f) Kaunista hakitud pistaatsiapähklitega.

33.Hyderabadi Dum Chai

KOOSTISOSAD:
- 1 tass vett
- 2 spl teepulbrit
- 1 spl suhkrut
- 1 tolline ingver
- 6 kauna kardemoni
- ½ tl pipart
- 1 tolline kaneel
- ½ tl nelki
- 2 tassi piima

JUHISED:
a) Esiteks võtke väikesesse anumasse 1 tass vett.
b) Siduge kummipaela või niidi abil riie peal.
c) Lisage 2 spl teepulbrit, 1 spl suhkrut, 1 toll ingverit, 6 kauna kardemoni, ½ tl pipart, 1 tolli kaneeli ja ½ tl nelki.
d) Asetage anum pliidi sisse.
e) Lisage pliidi põhjale veidi vett.
f) Keeda kaanega ja suru 1 vile või kuni kõik maitsed on vees imendunud.
g) Pärast rõhu langemist pigistage keetmine riidest välja.
h) Tugev teekeetmine on valmis.
i) Võtke kastrulisse 2 tassi piima ja laske keema tõusta.
j) Lisa valmis teekeetmine ja sega korralikult läbi.
k) Aja tee keema.
l) Lõpuks naudi dum ki chai retsepti koos mõne küpsisega.

HOMMIKUSÖÖK

34. Chai Latte puder

KOOSTISOSAD:
- 180 ml rasvatu piima
- 1 spl hele pehmet pruuni suhkrut
- 4 kardemonikauna, poolitatud
- 1 tähtaniis
- ½ tl jahvatatud ingverit
- ½ tl jahvatatud muskaatpähklit
- ½ tl jahvatatud kaneeli
- 1 kaera kotike

JUHISED:
a) Pange piim, suhkur, kardemon, tähtaniis ja ¼ teelusikatäis ingverit, muskaatpähklit ja kaneeli väikesele pannile ning laske aeg-ajalt segades keema tõusta, kuni suhkur on lahustunud.
b) Kurna kannu, visake terved vürtsid ära, seejärel pange tagasi pannile ja keetke piimaga kaer vastavalt pakendi juhistele. Tõsta lusikaga kaussi.
c) Segage ülejäänud ¼ teelusikatäit ingverit, muskaatpähkel ja kaneel ühtlaseks seguks, seejärel pühkige pudru pealt tolmu, kasutades latte malli, et luua unikaalne muster, kui soovite.

35.Chai vürtsikas kuum šokolaad

KOOSTISOSAD:
- 2 tassi piima (piim või alternatiivne piim)
- 2 spl kakaopulbrit
- 2 spl suhkrut (maitse järgi)
- 1 tl chai teelehti (või 1 chai tee kott)
- ½ tl jahvatatud kaneeli
- ¼ tl jahvatatud kardemoni
- Näputäis jahvatatud ingverit
- Kaunistuseks vahukoor ja puistake kaneeli

JUHISED:
a) Kuumuta potis piim keskmisel kuumusel kuumaks, kuid mitte keemiseni.
b) Lisage piimale chai teelehed (või teepakk) ja laske 5 minutit tõmmata. Eemaldage teelehed või teepakk.
c) Vahusta väikeses kausis kakaopulber, suhkur, kaneel, kardemon ja ingver.
d) Vispelda kakaosegu järk-järgult kuuma piima hulka, kuni see on hästi segunenud ja ühtlane.
e) Jätkake vürtsidega kuuma šokolaadi kuumutamist aeg-ajalt segades, kuni see saavutab soovitud temperatuuri.
f) Valage kruusidesse, valage peale vahukoor ja puistake üle kaneeliga. Serveeri ja naudi!

36.Pumpkin Chai pannkoogid

KOOSTISOSAD:
- 1 tass universaalset jahu
- 2 supilusikatäit granuleeritud suhkrut
- 1 tl küpsetuspulbrit
- ½ tl söögisoodat
- ¼ teelusikatäit soola
- 1 tl jahvatatud kaneeli
- ½ tl jahvatatud ingverit
- ¼ tl jahvatatud nelki
- ¼ tl jahvatatud kardemoni
- ¼ tl jahvatatud muskaatpähklit
- 1 tass petipiima
- ½ tassi kõrvitsapüreed
- ¼ tassi piima
- 1 suur muna
- 2 spl sulatatud võid

JUHISED:
a) Vahusta suures kausis jahu, suhkur, küpsetuspulber, sooda, sool, kaneel, ingver, nelk, kardemon ja muskaatpähkel.
b) Klopi teises kausis kokku petipiim, kõrvitsapüree, piim, muna ja sulavõi.
c) Valage märjad koostisosad kuivade koostisosade hulka ja segage, kuni need on lihtsalt segunenud.
d) Kuumutage mittenakkuvat pann või küpsetusplaat keskmisel kuumusel ja määrige see kergelt õliga.
e) Valage iga pannkoogi jaoks pannile ¼ tassi tainast. Küpseta, kuni pinnale tekivad mullid, seejärel keerake ümber ja küpseta veel 1-2 minutit.
f) Korrake ülejäänud taignaga. Serveeri pannkoogid vahukoore, puista kaneeli ja vahtrasiirupiga.

37.Chai'ga infundeeritud vürtsikas kaerahelbed

KOOSTISOSAD:
- 3 ½ tassi täispiima, jagatud
- 2 tassi vett
- ¼ teelusikatäit soola
- 2 tassi vanaaegset valtsitud kaera
- 1 tl jahvatatud kaneeli
- ½ tl jahvatatud ingverit
- ½ tl jahvatatud kardemoni
- 4 tl tumepruuni suhkrut

TÄIDISED:
- Puuviljad, seemned ja pähklid

JUHISED:
a) Sega keskmises kastrulis 3 tassi piima, 2 tassi vett ja soola. Kuumuta segu kaaneta keskmisel kõrgel kuumusel aeg-ajalt segades keemiseni.
b) Lisa valtsitud kaer ja alanda kuumust keskmisele. Küpseta aeg-ajalt segades, kuni segu muutub kreemjaks ja piisavalt paksuks, et katta lusika seljaosa. See peaks kestma umbes 8–10 minutit.
c) Segage jahvatatud kaneeli, ingverit ja kardemoni, tagades, et need on põhjalikult segunenud. Selleks peaks kuluma umbes 30 sekundit.
d) Eemaldage kastrul tulelt, katke see ja laske segamatult seista, kuni suurem osa vedelikust on imendunud. Tavaliselt kulub selleks umbes 3 minutit.
e) Jagage maitsestatud kaerahelbed 4 kaussi ning valage iga portsjon pruuni suhkru ja ülejäänud ½ tassi piimaga.
f) Lisage oma lemmik puuviljad, seemned ja pähklid.

38.Chai-vürtsiga prantsuse röstsai

KOOSTISOSAD:
- 1 spl granuleeritud suhkrut
- 1 tl jahvatatud kaneeli
- ¼ tl jahvatatud ingverit
- ¼ teelusikatäit kardemoni
- ¼ teelusikatäit pipart
- ¼ tl jahvatatud nelki
- Näputäis soola
- 4 suurt muna
- ¾ tassi piima
- 1 ½ tl vaniljeekstrakti
- 4 supilusikatäit võid
- 8 viilu brioche- või challah-leiba, viilutatud ¾-1 tolli paksuseks

JUHISED:
a) Vahusta keskmises madalas kausis granuleeritud suhkur, jahvatatud vürtsid (kaneel, ingver, kardemon, piment, nelk) ja näputäis soola. Pange see vürtsisegu kõrvale.
b) Kuumuta mittenakkuva pann keskmisel-madalal kuumusel.
c) Klopi madalas kausis vürtsisegu hulka munad, piim ja vaniljeekstrakt.
d) Sulata eelkuumutatud pannil kaks supilusikatäit võid.
e) Kastke saiaviilud vanillikaste segusse, veendudes, et need on mõlemalt poolt kaetud. See peaks mõlemal küljel võtma umbes 2-3 sekundit.
f) Prae kaetud viilud pannil, tehes korraga 2 või 3 kaupa, olenevalt panni suurusest. Küpseta umbes 3-3 ½ minutit mõlemalt poolt või kuni need muutuvad kuldpruuniks, lisades vajadusel võid.
g) Korrake protsessi ülejäänud vanillikaste ja saiaviiludega.
h) Serveeri chai-vürtsiga prantsuse röstsaia soojalt koos või ja siirupiga või oma lemmiklisanditega.
i) Nautige oma maitsvat ja aromaatset Chai-vürtsiga prantsuse röstsaia!

39.Chai Latte muffinid Chai-vürtsiga Streuseliga

KOOSTISOSAD:
STREUSELI KOHTA:
- ½ tassi granuleeritud suhkrut
- ½ tl jahvatatud kaneeli
- ¼ tl jahvatatud ingverit
- ¼ tl jahvatatud kardemoni
- 5 spl universaalset jahu
- 3 spl soolavõid

MUFFINIDE JAOKS:
- 1 tass täispiima
- 2 chai tee kotti
- 2 ¼ tassi universaalset jahu
- 1 tass granuleeritud suhkrut
- 2 ½ teelusikatäit küpsetuspulbrit
- ⅔ teelusikatäit soola
- 2 suurt muna, toatemperatuuril
- ½ tassi taimeõli
- 1 ½ tl vaniljeekstrakti

JUHISED:
STREUSELI KOHTA:
a) Sega väikeses kausis suhkur, jahvatatud kaneel, jahvatatud ingver, jahvatatud kardemon ja jahu.
b) Lõika või kuivainete hulka kondiitrinoa või kahvliga. Pange see streuseli segu kõrvale.

MUFFINIDE JAOKS:
c) Kuumuta ahi temperatuurini 350 °F (175 °C).
d) Vooderda muffinivormid paberist vooderdistega või pihusta küpsetusspreiga. Kõrvale panema.
e) Sega väikeses kastrulis täispiim ja chai teekotid.
f) Kuumutage piim aurutamiseni, seejärel eemaldage see tulelt ja laske sellel vähemalt 5 minutit tõmmata.
g) Vahusta suures kausis universaalne jahu, granuleeritud suhkur, küpsetuspulber ja sool. Pange see kuiv segu kõrvale.
h) Klopi keskmises kausis kokku munad, taimeõli, vaniljeekstrakt ja teega immutatud piim.

i) Valage märjad koostisosad kuivadele koostisosadele ja segage, kuni kuivained on täielikult segunenud.
j) Täida iga muffinitops umbes ¾ ulatuses muffinitaignaga.
k) Kata igale muffinile ohtralt valmistatud streuseli segu.
l) Küpseta eelkuumutatud ahjus 15-18 minutit või kuni muffinid on valmis. Küpsust saad kontrollida, kui torka muffini keskele hambaork – see peaks välja tulema puhtana või mõne niiske puruga.
m) Enne serveerimist lase muffinitel veidi jahtuda.
n) Nautige oma veetlevaid Chai Latte muffineid koos Chai-vürtsiga Streuseliga maitsva hommikusöögina!

40. Chai-vürtsiga super turske granola

KOOSTISOSAD:
- ¼ tassi mandlivõid (või teie valitud pähkli-/seemnevõid)
- ¼ tassi vahtrasiirupit
- 2 tl vaniljeekstrakti
- 5 tl jahvatatud kaneeli
- 2-3 tl jahvatatud ingverit
- 1 tl jahvatatud kardemoni
- 1 ½ tassi valtsitud kaera (vajadusel tagage gluteenivaba)
- ½ tassi kreeka pähkleid või pekanipähklit, jämedalt hakitud
- ¾ tassi magustamata kookoshelbeid
- ¼ tassi tooreid kõrvitsaseemneid (pepitas)

JUHISED:
a) Kuumuta ahi temperatuurini 325 kraadi F (160 °C) ja vooderda standardsuuruses küpsetusplaat pärgamentpaberiga.
b) Sega keskmises segamiskausis mandlivõi, vahtrasiirup, vaniljeekstrakt, jahvatatud kaneel, jahvatatud ingver ja jahvatatud kardemon. Vahusta, kuni segu on ühtlane.
c) Lisa mandlivõiseguga kaussi valtsitud kaer, hakitud kreeka pähklid või pekanipähklid, magustamata kookoshelbed ja toored kõrvitsaseemned. Segage hoolikalt, et kõik kuivad koostisosad oleksid ühtlaselt kaetud.
d) Tõsta granola segu ettevalmistatud ahjuplaadile, laotades ühtlaseks kihiks. Kui valmistate suurema partii, kasutage vajadusel täiendavaid küpsetusplaate.
e) Küpseta eelkuumutatud ahjus 20-25 minutit. Põlemise vältimiseks olge lõpuni valvas. Granola on valmis, kui see muutub lõhnavaks ja muutub tumedamaks.
f) Märkus. Kui eelistate eriti rammusat granolat, vältige selle küpsetamise ajal viskamist. Purunema tekstuuri saamiseks segage või viskage granolat poolel teel, et tükid laguneksid.
g) Kui granola on nähtavalt pruunistunud ja lõhnav, eemaldage see ahjust. Viska granola õrnalt, et liigne kuumus välja pääseks. Laske sellel küpsetusplaadil või kuumakindlas kausis täielikult jahtuda.
h) Säilitage oma chai-vürtsiga ülipaksu granolat suletud anumas toatemperatuuril kuni 1 kuu või sügavkülmas kuni 3 kuud.
i) Nautige granolat eraldi, koos piima, jogurtiga või puistatuna kaerahelbepudrule mõnusaks hommikusöögiks või suupisteks!

41. Chai vahvlid banaanikreemi siirupiga

KOOSTISOSAD:
KUIVAD KOOSTISOSAD
- 1 ½ tassi kaerajahu
- 2 spl noolejuurtärklist
- 2 tl küpsetuspulbrit
- 1 ¼ teelusikatäit kaneeli
- ½ tl jahvatatud ingverit
- ½ tl jahvatatud kardemoni
- ¼ teelusikatäit muskaatpähklit
- ¼ teelusikatäit soola
- ⅛ tl jahvatatud nelki

MÄRGAD KOOSTISOSAD
- 1 ¼ tassi magustamata mandli- või sojapiima
- 3 spl mandlivõid
- 2 spl vahtrasiirupit
- 1 tl vaniljeekstrakti

BANAANIKREEMSIIRUP:
- 1 suur küps banaan
- ½–¾ tassi magustamata mandli- või sojapiima
- 2 medjooli datlit, kivideta ja leotatud
- 1 tl vahtrasiirup
- ¾ tl vaniljeekstrakti
- ⅛ tl kaneeli
- Näputäis soola
- Valikuline: 2 spl kanepiseemneid või 1-2 sl pähklivõid

JUHISED:
CHAI VAHVLITE JAOKS:
a) Segage suures kausis kõik kuivained ja segage, kuni need on hästi segunenud. Kõrvale panema.
b) Seadke vahvliküpsetaja keskmisele kuumusele või kasutage seisva Cuisinart vahvliküpsetaja seadistust, mis on võrdne 4-ga.
c) Sega blenderis kõik märjad koostisosad (magustamata mandli- või sojapiim, mandlivõi, vahtrasiirup ja vaniljeekstrakt). Blenderda kuni segu on ühtlane.

d) Lisa blenderis olevad märjad koostisosad kausis olevate kuivainete hulka. Segage hoolikalt, kuni see on hästi segunenud.
e) Vala vahvlitainas vahvliküpsetajasse ja küpseta oma vahvliküpsetaja juhiste järgi. Teise võimalusena, kui sul vahvliküpsetajat pole, võid kasutada mittenakkuvat panni. Valage ¼–⅓ tassi tainast soojendatud mittenakkuvale pannile, küpseta 3–5 minutit, keerake ümber ja küpseta veel 2–3 minutit. Vahvlite või pannkookide valmistamiseks korrake sama ülejäänud taignaga.
f) Serveerige oma Chai vahvleid värskete puuviljade ja banaanikreemi siirupi või eelistatud magusainega.

BANAANIKREEMSIIRUPI JAOKS:
g) Leota Medjooli datleid kuumas vees kausis 15 minutit. Seejärel eemaldage need veest ja nõrutage hästi. Eemaldage datlitelt lohud.
h) Lisa kivideta datlid, küps banaan, vahtrasiirup, vaniljeekstrakt, kaneel ja näpuotsaga soola (ja soovi korral kanepiseemneid või pähklivõid) kiiresse blenderisse.
i) Blenderda kuni segu on ühtlane. Vajadusel lisage soovitud siirupi konsistentsi saavutamiseks rohkem mandli- või sojapiima.
j) Enne serveerimist laske siirupil 5 minutit seista.
k) Nautige oma Chai vahvleid koos banaanikreemi siirupiga sooja, lohutava ja maitsva hommikusöögi saamiseks!

42.Chai Biscotti valge šokolaadiga

KOOSTISOSAD:
CHAI Vürtsisegu:
- 1 spl jahvatatud kaneeli
- 2 tl jahvatatud kardemoni
- 2 tl jahvatatud ingverit
- 1 tl jahvatatud muskaatpähkel
- 1 tl jahvatatud nelki
- ½ tl jahvatatud pipart

BISCOTTI:
- ½ tassi soolamata pruuni võid, toatemperatuuril
- ½ tassi helepruuni suhkrut
- ½ tassi granuleeritud suhkrut
- 2 suurt muna, toatemperatuuril
- 2 tl vaniljekauna pasta
- 2 ¼ tassi universaalset jahu
- 1 ¼ teelusikatäit küpsetuspulbrit
- 1 spl chai vürtsisegu
- ½ tl koššersoola

TOPPING:
- 4 untsi valget šokolaadi, sulatatud
- ½ tl chai vürtsisegu

JUHISED:
CHAI Vürtsisegu jaoks:
a) Sõelu väikeses kausis kokku kõik chai vürtsisegu koostisosad. Hoidke seda tulevaseks kasutamiseks õhukindlas konteineris.

BISCOTTI KOHTA:
b) Kuumuta ahi temperatuurini 350 °F (175 °C) ja vooderda küpsetusplaat küpsetuspaberiga.

c) Klopi labakinnitusega varustatud mikseri kausis (või suures kausis saumikseriga) pruun või, pruun suhkur ja granuleeritud suhkur, kuni segu on ühtlane.

d) Lisa munad ja vaniljekaunapasta (või vaniljeekstrakt) ning klopi ühtlaseks massiks.

e) Lisage universaalne jahu, küpsetuspulber, chai vürtsisegu ja koššersool. Segage, kuni kõik koostisosad on täielikult segunenud.
f) Jagage tainas kaheks võrdseks osaks. Asetage iga portsjon ettevalmistatud küpsetusplaadi ühele küljele ja lõigake need kaheks 10-tolliseks x 2-tolliseks ristkülikuks, millest igaüks on umbes 1 tolli paksune. Selle sammu abistamiseks võite oma käed kergelt märjaks teha.
g) Küpseta 20–30 minutit või kuni biscottipalgid on kõikjalt kuldpruunid. Eemaldage need ahjust ja laske neil 25–30 minutit jahtuda.
h) Alandage ahju temperatuuri 325 °F-ni (160 °C).
i) Tõsta biscottipalgid ettevaatlikult lõikelauale. Kasutage toatemperatuurilise veega täidetud pihustuspudelit, et palke kergelt pihustada (igale sektsioonile ainult üks pihustus). Oodake umbes 5 minutit ja seejärel lõigake biscotti ½ tolli laiusteks tükkideks väga terava sakilise noaga.
j) Asetage biscottiviilud tagasi küpsetusplaadile, tõstke need püsti nii, et nende vahele jääks umbes ½ tolli ruumi, et võimaldada õhuringlust. Küpseta veel 25–30 minutit või kuni need on kuivad ja kuldsed.
k) Eemaldage biscottid ahjust ja tõstke need restile toatemperatuurile jahtuma.

KATTEKS:
l) Sulata mikrolaineahjus kasutatavas kausis valge šokolaad 30-sekundiliste intervallidega, kuni see on ühtlane.
m) Soovi korral lisa sulatatud valgele šokolaadile väike kogus chai vürtsisegu ja sega läbi.
n) Nirista chai biscotti pealistele sulatatud valge šokolaadiga.
o) Enne biscotti ladustamist laske šokolaadil täielikult taheneda.
p) Serveeri chai-vürtsiga biscotti koos oma lemmik chai latte või kohviga, et saada mõnusat maiust!
q) Nautige omatehtud Chai Biscotti valge šokolaadiga!

43. Chai-vürtsidega cruffins

KOOSTISOSAD:
VÕIPLOKI KOHTA:
- 2 pulka külma soolata võid, kuubikuteks

BRIŠŠITAIgna PUHUL:
- 2 ¾ tassi universaalset jahu
- 3 supilusikatäit suhkrut
- 1 ½ teelusikatäit koššersoola
- 1 spl kiirpärmi
- 3 suurt muna, lahtiklopitud
- ¼ tassi piima, toatemperatuuril
- 10 spl võid, viilutatud 10 tükiks, toatemperatuuril

CHAI-Vürtsistatud SUHKRU JAOKS:
- 1 tass suhkrut
- 1 spl jahvatatud kaneeli
- 1 spl jahvatatud ingverit
- 1 spl jahvatatud kardemoni
- 1 tl jahvatatud nelki
- 1 tl jahvatatud muskaatpähkel
- 1 tl jahvatatud piment
- 1 tl jahvatatud musta pipart

MUNAPESU KOHTA:
- 1 muna, klopitakse lahti 1 tl veega

JUHISED:
VÕIPLOKI KOHTA:
a) Laske võil umbes 5 minutit toatemperatuuril seista.
b) Valmistage võiploki vormimiseks ette pärgamentpaberi pakk. Lõika küpsetuspaberist tükk 15 x 18 tolli ja voldi see pooleks 15 x 9 tolli suuruseks.
c) Mõõtke 4 tolli ülemisest ja alumisest servast, seejärel voldige mööda märke, et luua 7" x 9" pakk. Lõpuks mõõtke avatud servast 2 tolli ja voldige mööda märki, et saada 7" x 7" pakk. Pange see kõrvale.
d) Vahusta võid labakinnitusega segistis madalal kiirusel, kuni see muutub pehmeks, tempermalmist ja siledaks (ilma õhku lisamata), mis peaks võtma 1–2 minutit.

e) Voltige pärgamentpaberi pakk lahti ja asetage või ühele 7" x 7" ruudule. Voltige pärgamentpaber piki esialgseid volte, et või ümbritseda. Kasutage oma sõrmi või taignarulli, et võid pakis ühtlaselt jaotada, muutes selle täiuslikuks 7" x 7" ruuduks. Tõsta võiplokk taigna valmistamise ajaks külmkappi.

BRIŠŠITAINA JAOKS:
f) Lisa tainakonksuga varustatud mikseri kaussi kuivained ja sega korraks käsitsi läbi. Lisa lahtiklopitud munad, piim ja toasoe võiviilud. Sega madalal kiirusel umbes 1 minut, kuni kuivained on niisutatud. Seejärel suurenda kiirust keskmisele ja sõtku, kuni tainas on ühtlane, läikiv ega kleepu enam kausi külge, selleks peaks kuluma 20-25 minutit.
g) Vormi tainast pall (see tuleb väga pehme), aseta kergelt määritud kaussi, kata kaanega ja lase 1 tund kerkida. Pane tainas mitmeks tunniks või üleöö külmkappi, kuni see on hästi jahtunud.

TAINA LAMINEERIMISEKS:
h) Võta võiplokk külmkapist välja, et see veidi pehmeneks. Kui see on külm, kuid vormitav, rullige tainas kergelt jahusel pinnal 7 ½" x 14 ½" ristkülikuks. Liigse jahu eemaldamiseks kasutage kondiitripintslit.
i) Asetage võiplokk taigna vasakule poolele, jättes ½-tollise äärise ülemisele, vasakule ja alumisele küljele. Vajutage või ühtlaselt paki sisse, tagades, et see täidaks nurgad ja servad, moodustades täiusliku 7" x 7" ruudu. Tõsta 30 minutiks külmkappi.
j) Pärast jahutamist rullige tainas 8" x 16" ristkülikuks, nii et pikad servad oleksid paralleelsed tööpinna servaga. Pöörake parem külg üle võiga määritud vasaku külje, tagades, et kõik servad on joondatud ja nurgad kokku puutuvad. See on üks pööre. Kata tainas kilega ja pane 30 minutiks külmkappi.
k) Korrake seda protsessi veel kaks korda (kokku kolm pööret), lastes taignal vähemalt 1 tund külmkapis seista.

VORMIMINE JA KÜPSETAMINE:
l) Valmistage chai vürtsisuhkrusegu, kombineerides kõik vürtsid suhkruga. Jäta ½ tassi seda segu hilisemaks kasutamiseks kõrvale.

m) Rullige lamineeritud tainas 8" x 18" ristkülikuks. Pintselda kogu pind munapesuga, jättes ühele pikemale küljele ilma munapesuta ½-tollise serva.
n) Puista chai-vürtsiga suhkrusegu munaga pestud taignaosale.
o) Rulli tainas tihedaks palgiks, alustades suhkruga kaetud pikast servast. Asetage rullõmblus pool allapoole, et vältida selle lahtirullumist.
p) Kärbige palgi mõlemast otsast 1 tolli kaugusel ja visake kaunistused ära. Lõika palk kaheksaks 2-tolliseks tükiks.
q) Asetage iga tükk muffinipannile, katke lõdvalt ja laske neil 1–1,5 tundi tõmmata, kuni need muutuvad väga paisunud, kuid mitte tingimata kahekordseks.
r) Tõstmise lõpu poole eelsoojendage ahi temperatuurini 400 °F (200 °C).
s) Pintselda krõbinate pealsed ja paljad küljed õrnalt munapesuga ja küpseta 18–20 minutit või kuni need muutuvad kuldpruuniks ja sisetemperatuur keskel on 88 °C.
t) Laske cruffinidel mõni minut jahtuda, seejärel eemaldage need ettevaatlikult pannilt ja visake need veel soojana reserveeritud vürtsisuhkru segusse.
u) Aseta vürtsidega chai cruffinid restile jahtuma.
v) Nautige omatehtud Chai-Spiced Cruffins – helbed sarvesaia muffinid koos veetleva chai-vürtsiga!

44.Chai maitsestatud kaneelirullid

KOOSTISOSAD:
TAIGNA JAOKS:
- ¾ tassi petipiima
- ¼-untsi pakk aktiivset kuivpärmi
- ½ tassi granuleeritud suhkrut
- 6 spl soolata võid, toasoe
- 1 muna, toasoe
- ¼ teelusikatäit soola
- 2 ¾ tassi universaalset jahu

CHAI TÄIDISEKS:
- 2 spl soolata võid, toasoe
- 1 tl jahvatatud kaneeli
- 1 tl jahvatatud kardemoni
- 1 tl jahvatatud ingverit
- 1 tl jahvatatud tähtaniisi
- 1 spl Earl Grey teed, jahvatatud
- ¼ tassi helepruuni suhkrut

VAHTRAGLAASI KOHTA:
- 2 spl kookospiima
- 1 spl vahtrasiirup
- ¾ tassi tuhksuhkrut
- ½ tl vaniljeekstrakti

JUHISED:
TAIGNA JAOKS:
a) Kuumutage petipiima mikrolaineahjus 40 sekundit, kuni see on soe. Kasutage selles etapis vedeliku mõõtetopsi. Lisa pärm ja suhkur soojale petipiimale ning sega läbi.
b) Vala suurde kaussi toasoe või. Vala kaussi suhkru/petipiima segu. Vahusta saumikseriga või seisumiksriga, kuni või on lagunenud.
c) Lisa segule muna ja sool. Segage kuni täieliku segunemiseni.
d) Lõpuks lisa jahu ja sega kuni moodustub tainas.
e) Tõsta tainas jahusel pinnal tühjaks. Sõtku 3 minutit ja lase tund aega kerkida. Sama kaua võid tainast sõtkuda ka statiivimikseris. Kui tainas tundub endiselt märg, lisa ükshaaval supilusikatäis jahu, kuni see enam käte külge ei jää.

f) Kata tainas märja rätiku või alumiiniumfooliumiga ja lase 1 tund kerkida või kuni see kahekordistub.

CHAI TÄIDISEKS:

g) Taigna kerkimise ajal valmista täidise jaoks maitseainesegu. Sega kausis jahvatatud kaneel, kardemon, ingver, tähtaniis ja Earl Grey tee. Sega hästi ja pane kõrvale.

KOOSTAMINE:

h) Kui tainas on kerkimise lõpetanud, suruge õhk välja ja rullige see 12x12-tolliseks ruuduks.
i) Määri taigna pind ühtlaselt toasoe võiga.
j) Puista võiga määritud taignale fariinsuhkur ja valmistatud maitseainesegu.
k) Rulli tainas palgiks ja lõika 9 võrdseks tükiks. Kõigepealt lõigake palk 3 võrdseks tükiks ja seejärel jagage kõik need tükid kolmeks võrdseks tükiks.
l) Asetage kaneelirullid määritud 9x9-tollisele pannile ja laske neil veel tund aega kerkida.

KÜPSETAMINE:

m) Kuumuta ahi temperatuurini 350 °F (177 °C).
n) Pärast viimast kerkimist küpseta kaneelirulle kaaneta 20-25 minutit või kuni servad on helepruunid.
o) Vahtraglasuuri jaoks:
p) Kaneelirullide küpsemise ajal ühenda kausis kõik glasuuri koostisosad – kookospiim, vahtrasiirup, tuhksuhkur ja vaniljeekstrakt – ning sega ühtlaseks massiks.
q) Lase küpsetatud kaneelirullidel 5-10 minutit jahtuda, enne kui niristad neile glasuuri.

45.Chai vürtsikas leib

KOOSTISOSAD:
LEIVA JAOKS:
- ½ tassi soolamata võid, pehmendatud
- ¾ tassi granuleeritud suhkrut
- 2 suurt muna
- 2 tl vaniljeekstrakti
- ½ tassi chai teed või vett
- ⅓ tassi piima
- 2 tassi universaalset jahu
- 2 tl küpsetuspulbrit
- ½ tl soola
- 1 tl jahvatatud kardemoni
- ½ tl jahvatatud kaneeli
- ¼ tl jahvatatud nelki

GLASUURI KOHTA:
- 1 tass tuhksuhkrut
- ¼ tl vaniljeekstrakti
- 3 tl piima

JUHISED:
LEIVA JAOKS:
a) Kuumuta ahi temperatuurini 350 °F (175 °C) ja määri pätsivorm mittenakkuva küpsetuspreiga.
b) Vahusta suures kausis pehme või ja granuleeritud suhkur, kuni segu on kerge ja kohev.
c) Klopi sisse munad, vaniljeekstrakt, chai tee (või vesi) ja piim, kuni koostisosad on hästi segunenud.
d) Segage universaalne jahu, küpsetuspulber, sool, jahvatatud kardemon, jahvatatud kaneel ja jahvatatud nelk, kuni need on lihtsalt segunenud.
e) Laota tainas ühtlaselt ettevalmistatud leivavormi.
f) Küpseta 350 °F juures 50–60 minutit või kuni keskele torgatud hambaork tuleb puhtana välja.

GLASUURI KOHTA:
g) Segage väikeses kausis tuhksuhkur, vaniljeekstrakt ja piim, kuni segu on ühtlane ja hästi segunenud.
h) Kui leib on jahtunud, vala peale glasuur.
i) Viiluta, serveeri ja naudi oma Chai vürtsileiba!

46.Chai maitsestatud õunasiidri sõõrikud

KOOSTISOSAD:
Õunasiidri sõõrik:
- ½ tassi vähendatud õunasiidrit
- 2 ¼ tassi universaalset jahu, lusikaga ja tasandatud
- ½ tl küpsetuspulbrit
- ½ tl söögisoodat
- 1 tl kaneeli
- ½ tl muskaatpähklit
- ½ tassi soolatud võid, sulatatud
- 1 tass helepruuni suhkrut, kergelt pakitud
- 2 suurt muna, toasoe
- ½ tassi õunavõid

CHAI SUHKUR:
- 1 tass granuleeritud suhkrut
- ¼ tassi helepruuni suhkrut, kergelt pakitud
- ½ tl kaneeli
- ¼ teelusikatäit muskaatpähklit
- ¼ teelusikatäit ingverit
- ¼ teelusikatäit nelki
- ¼ teelusikatäit pipart
- ⅛ teelusikatäit kardemoni
- Väike näputäis jahvatatud musta pipart
- ¼ tassi soolatud võid, sulatatud

KARAMELLGLASUUR (valikuline):
- 1 tass karamelli, toatemperatuur
- 1 tass tuhksuhkrut, lusikaga ja tasandatud
- ¼ teelusikatäit kaneeli

JUHISED:
a) Vähendage õunasiidri kogust, asetades 1 ½ tassi õunasiidrit keskmisesse kastrulisse keskmisel või madalal kuumusel. Laske sellel 10–15 minutit podiseda, kuni see on vähenenud ½ tassile.
b) Valage see kuumakindlasse purki või tassi ja laske jahtuda, kuni saate ülejäänud koostisosad kokku.

DONUTS:

c) Kuumuta ahi 425 F (218 C) konvektsioonini (tavaline 400 F/204 C) ja määri kolm sõõrikupanni (või ükshaaval) rasvainega.
d) Sega keskmises kausis jahu, küpsetuspulber, sooda, kaneel ja muskaatpähkel. Kõrvale panema.
e) Vahusta suures kausis vähendatud õunasiider, sulatatud või, fariinsuhkur, munad ja õunavõi, kuni need on hästi segunenud.
f) Voldi jahusegu sisse, kuni jahu on segatud, seejärel täitke sõõrikuvormid kotti või lusikaga.
g) Küpseta sõõrikud umbes 8-10 minutit, kuni need on kuldpruunid ja kergelt peale vajutades vetruvad tagasi.
h) Pöörake sõõrikud restile ja laske neil mõni minut jahtuda.

CHAI SUHKUR:
i) Sega keskmises kausis granuleeritud suhkur, pruun suhkur ja vürtsid.
j) Pintselda sõõrikud ükshaaval sulavõiga, seejärel viska need kohe chai suhkrusse, kuni need on täielikult kaetud. Korrake sama ülejäänud sõõrikutega.

KARAMELLGLASUUR (valikuline):
k) Kui valmistate minu omatehtud soolakaramelli retsepti, saate seda teha enne alustamist, et sellel oleks aega jahtuda.
l) Kombineerige 1 tass karamellkastet tuhksuhkru ja kaneeliga, seejärel vahustage, kuni see on täiesti ühtlane.
m) Kasta TAVAD sõõrikud glasuuri sisse või nirista suhkrustatud sõõrikute peale. Ärge kastke suhkrustatud sõõrikuid glasuuri sisse, muidu pudeneb suhkur lihtsalt glasuuri sisse.

SUUPISTED

47. Chai vürtsidega küpsised

KOOSTISOSAD:
- 2 tassi krõbedat riisiterahelbe
- 1 tass mandlivõid
- ½ tassi mett
- 1 tl chai vürtsisegu (kaneel, kardemon, ingver, nelk, muskaatpähkel)
- 1 tl vaniljeekstrakti
- Näputäis soola

JUHISED:
a) Segage suures segamiskausis krõbedad riisiterahelbed ja chai vürtsisegu.
b) Kuumutage väikeses kastrulis madalal kuumusel mandlivõi, mesi, vaniljeekstrakt ja sool, segades, kuni see on hästi segunenud.
c) Vala mandlivõisegu teravilja- ja maitseainesegule ning sega, kuni kõik on ühtlaselt kaetud.
d) Vormi segust küpsised või suru vooderdatud ahjuvormi ja lõika kangideks.
e) Hoia külmkapis umbes 1 tund või kuni taheneb.

48.Chai vürtsidega Churros

KOOSTISOSAD:
CHURROSE KOHTA:
- 1 ½ tassi universaalset jahu
- 2 spl chai vürtsisegu, jagatud
- 2 tl koššersoola, jagatud
- ½ tassi granuleeritud suhkrut
- ½ tassi täispiima
- 3 supilusikatäit soolata võid
- 1 tl puhast vaniljeekstrakti
- 1 orgaaniline muna
- rapsiõli (praadimiseks)
- Šokolaadikaste, serveerimiseks

CHAI-Vürtsi jaoks:
- 3 kaneelipulka, purustatud
- 2 supilusikatäit tervet nelki
- 1 supilusikatäis terveid musta pipra tera
- 1 supilusikatäis apteegitilli seemneid
- 3 tl kardemoni
- 2 tl jahvatatud ingverit
- 2 tl jahvatatud muskaatpähkel

ŠOKOLAADI Kastme jaoks:
- 6 untsi tumedat šokolaadi, tükeldatud
- 1 tl kookosõli

JUHISED:
CHURROSE KOHTA:
a) Segage suures kausis jahu, 1 spl chai vürtsisegu ja 1 tl soola. Sega segamiseks.
b) Lisa eraldi kausis suhkur, ülejäänud chai vürtsisegu ja sool. Sega segamiseks. Kõrvale panema.
c) Kuumuta keskmisel potis keskmisel kõrgel kuumusel piim, või, ½ tassi vett ja vaniljeekstrakt keema. Lisa potti jahusegu ja sega puulusikaga intensiivselt, kuni tainas kokku tuleb, umbes 1 minut. Tõsta mikseri kaussi ja lase veidi jahtuda.

d) Kasutades keskmisel-madalal kiirusel, lisa muna ja klopi, kuni tainas on ühtlane ja läikiv umbes 3 minutit. Täida tainas churromasinasse või ettevalmistatud täheotsaga kondiitrikotti.
e) Lisage õli suurde potti, täites selle külgedelt pooleni, ja kuumutage temperatuurini 325 °F. Keerake taignaga täidetud churro küpsetusmasin 4-tollisteks pikkadeks churrodeks õrnalt otse õlisse (või keerake tainas torusse) ja praege umbes 5 minutit, kuni need on igast küljest kuldpruunid. Tõsta need paberrätikuga vooderdatud ahjuplaadile. Korrake ülejäänud taignaga.
f) Viska soojad churros reserveeritud chai-suhkru segusse. Serveeri sooja šokolaadikastmega.

CHAI-Vürtsi jaoks:
g) Lisa vürtsiveskisse kaneelipulgad, nelk, must pipar ja apteegitill. Jahvata 2 minutit ühtlaseks pulbriks. Lisage kardemon, ingver ja muskaatpähkel. Jahvatage 20 sekundit, kuni kõik on hästi segunenud.
h) Hoidke chai vürtsisegu õhukindlas anumas ja kasutage vastavalt vajadusele.

ŠOKOLAADI Kastme jaoks:
i) Pane tume šokolaad mikrolaineahjukindlasse kaussi. Lisa kookosõli.
j) Kuumutage šokolaadisegu mikrolaineahjus 30 sekundit, segage ja jätkake lühikeste ajavahemike järel kuumutamist ja segamist, kuni šokolaad on täielikult sulanud.
k) Serveeri šokolaadikastet koos churrodega. Nautige!

49. Chai vürtsikreekerid

KOOSTISOSAD:
- 1 tass universaalset jahu (120 g)
- 1 spl pulbristatud musta tee lehti (teepakkidest)
- ½ tl jahvatatud kaneeli
- ¼ tl jahvatatud kardemoni
- ¼ tl jahvatatud ingverit
- ¼ teelusikatäit küpsetuspulbrit
- ¼ teelusikatäit soola
- 2 spl soolata võid, külm ja kuubikuteks lõigatud
- ¼ tassi piima (60 ml)

JUHISED:
a) Alustage ahju eelkuumutamisest temperatuurini 350 °F (180 °C).
b) Segage segamiskausis universaalne jahu, pulbristatud musta tee lehed, jahvatatud kaneel, jahvatatud kardemon, jahvatatud ingver, küpsetuspulber ja sool. Sega kuivained, kuni need on hästi segunenud.
c) Lisa kuivainete segule külm kuubikuteks lõigatud soolata või.
d) Töötle või kondiitrilõikuri või sõrmeotstega jahusegu hulka, kuni see meenutab jämedat puru. See samm võib võtta mõne minuti.
e) Valage segusse piim ja segage, kuni moodustub tainas. Tainas peaks kokku tulema ja olema kergelt kleepuv.
f) Rulli tainas jahusel pinnal õhukeseks ühtlaseks plaadiks. Selleks võite kasutada taignarulli. Eesmärk on paksus umbes ⅛ tolli.
g) Lõika taignast soovitud kujuliseks küpsisevormid või nuga. Asetage need lõigatud tükid küpsetuspaberiga kaetud ahjuplaadile.
h) Asetage küpsetusplaat eelsoojendatud ahju ja küpsetage umbes 10-12 minutit või kuni kreekerid muutuvad kuldpruuniks. Jälgige neid hoolikalt, kuna küpsetusaeg võib olenevalt paksusest erineda.
i) Pärast küpsetamist eemaldage kreekerid ahjust ja laske neil restil täielikult jahtuda. Jahtudes muutuvad need krõbedamaks.

50.Chai vürtsidega Madeleines

KOOSTISOSAD:
- ⅔ tassi soolata võid, sulatatud
- 2 supilusikatäit mett
- 2 suurt muna
- ½ tassi granuleeritud suhkrut
- 1 tl puhast vaniljeekstrakti
- 1 tass universaalset jahu
- 1 tl küpsetuspulbrit
- 1 tl jahvatatud kaneeli
- ½ tl jahvatatud ingverit
- ¼ tl jahvatatud kardemoni
- ¼ tl jahvatatud nelki
- ¼ tl jahvatatud musta pipart
- Näputäis soola
- tuhksuhkur tolmutamiseks (valikuline)

JUHISED:
a) Sulata väikeses kastrulis keskmisel kuumusel soolata või, kuni see on täielikult sulanud. Sega juurde mesi ja tõsta veidi jahtuma.
b) Vahusta segamisnõus munad ja granuleeritud suhkur, kuni need on hästi segunenud ja kergelt vahutavad. Lisage puhas vaniljeekstrakt ja vahustage uuesti.
c) Segage eraldi kausis universaalne jahu, küpsetuspulber, jahvatatud kaneel, jahvatatud ingver, jahvatatud kardemon, jahvatatud nelk, jahvatatud must pipar ja näputäis soola. Segage hästi, et vürtsid jaotuksid ühtlaselt.
d) Lisa munasegule järk-järgult kuivained, iga lisamise järel õrnalt segades, kuni tainas on ühtlane ja hästi segunenud.
e) Valage sulatatud või ja mee segu aeglaselt taignasse, pidevalt segades, kuni see on täielikult segunenud.
f) Kata kauss kilega ja pane taigen vähemalt 2 tunniks või eelistatavalt üle öö külmkappi. Taigna jahutamine aitab arendada maitseid ja parandada madeleinide tekstuuri.
g) Kuumuta ahi temperatuurini 375 ° F (190 ° C). Valmistage oma madeleine pann, määrides seda vähese sulavõi või

toiduvalmistamisspreiga. Mittenakkuva panni kasutamisel ei pruugi see samm vajalik olla.

h) Võtke jahutatud tainas külmkapist välja ja segage õrnalt, et see seguneks hästi. Tõsta madeleine'i panni igasse koorekujulisse süvendisse umbes 1 supilusikatäis tainast, täites need umbes kolmveerandi ulatuses.

i) Aseta täidetud madeleine pann eelkuumutatud ahju ja küpseta 8-10 minutit või kuni madeleine'id on kerkinud ja servad kuldpruunid.

j) Eemaldage pann ahjust ja laske madeleinidel minut-kaks pannil jahtuda, enne kui asetate need ettevaatlikult restile täielikult jahtuma.

k) Soovi korral puista jahtunud madeleinesid enne serveerimist viimistluse saamiseks üle tuhksuhkruga.

51.Chai vürtsidega röstitud pähklid

KOOSTISOSAD:
- 4 tassi soolamata segatud pähkleid
- ¼ tassi vahtrasiirupit
- 3 supilusikatäit sulatatud kookosõli
- 2 spl kookossuhkrut
- 3 tl jahvatatud ingverit
- 2 tl jahvatatud kaneeli
- 2 tl jahvatatud kardemoni
- 1 tl jahvatatud piment
- 1 tl puhast vaniljepulbrit
- ½ tl soola
- ¼ teelusikatäit musta pipart

JUHISED:
a) Kuumuta ahi temperatuurini 325 ° F (163 ° C). Vooderda äärega küpsetusplaat küpsetuspaberiga ja tõsta kõrvale.
b) Sega suures segamiskausis kõik koostisosad, välja arvatud pähklid. Maitselise segu saamiseks segage hästi.
c) Lisa kaussi segatud pähklid ja vispelda, kuni need on vürtsiseguga ühtlaselt kaetud.
d) Laota kaetud pähklid ühtlase kihina ettevalmistatud ahjuplaadile.
e) Rösti pähkleid eelsoojendatud ahjus umbes 20 minutit. Ärge unustage panni pöörata ja pähkleid poole röstimisaja jooksul ühtlaseks küpsetamiseks segada.
f) Kui olete valmis, eemaldage röstitud pähklid ahjust ja laske neil täielikult jahtuda.
g) Säilitage oma chai-vürtsiga röstitud pähkleid õhukindlas anumas toatemperatuuril maitsvaks suupisteks.

52. Maple Chai Chex segu

KOOSTISOSAD:
- 4 tassi Rice Chexit
- 3 tassi Cinnamon Cheerios
- 1,5 tassi magustamata kookoshelbeid (jagatud)
- 1 tass terveid tavalisi mandleid
- 2 tassi kringlipulki
- ¼ tassi soolatud võid
- 3 spl pruuni suhkrut
- 1 tass vahtrasiirupit (jagatud)
- 4 spl chai vürtse (jagatud)
- 1 tl koššersoola (jagatuna)
- 2 tassi jogurtiga kaetud kringlit

JUHISED:
a) Kuumuta ahi temperatuurini 320 °F (160 °C) ja vooderda küpsetusplaat küpsetuspaberiga.
b) Segage suures kausis Rice Chex, Cinnamon Cheerios, 1 tass kookoshelbeid, terved mandlid ja kringlipulgad. Sega korralikult läbi ja tõsta kõrvale.
c) Sulata väikeses kastrulis keskmisel kuumusel või.
d) Kui või on sulanud, lisage kastrulisse pruun suhkur, ¾ tassi vahtrasiirupit ja 1 supilusikatäis chai vürtse. Klopi kõik kokku ja lase keema tõusta.
e) Eemaldage kastrul tulelt ja laske sellel 1 minut seista, seejärel valage segu Chexi segule.
f) Lisa kaussi ülejäänud chai maitseained ja sega, kuni kõik koostisosad on sulavõiseguga ühtlaselt kaetud.
g) Laota kaetud segu küpsetuspaberiga kaetud ahjuplaadile, tagades ühtlase kihi.
h) Puista segule ½ tl koššersoola ja aseta küpsetusplaat ahju. Küpseta 15 minutit.
i) Eemaldage küpsetusplaat ahjust, visake segu läbi ja jaotage see uuesti ühtlaselt küpsetusplaadile.
j) Nirista ülejäänud ¼ tassi vahtrasiirupit Chexi segule ja pane ahju tagasi. Küpseta veel 15 minutit.

k) Võtke Chexi segu ahjust välja, puistake sellele ülejäänud ½ tl koššersoola ja laske 10 minutit jahtuda.
l) Pärast veidi jahutamist lisage Chexi segule jogurtiga kaetud kringlid ja ülejäänud ½ tassi hakitud kookospähklit. Voldi koostisosad õrnalt kokku, püüdes jätta mõned tükid puutumata.
m) Laske Maple Chai Chex Mixil täielikult jahtuda, enne kui hoiate seda õhukindlas anumas. Naudi oma mõnusat suupistet!

53. Chai maitsestatud riisiga Krispie maiuspalad

KOOSTISOSAD:
- ¼ tl jahvatatud kaneeli
- ¼ tl jahvatatud kardemoni
- ¼ tl jahvatatud nelki
- ¼ tl jahvatatud ingverit
- ¼ tl jahvatatud tähtaniisi
- 1 spl Earl Grey teed, pulbrina
- 6 tassi Rice Krispie teravilja
- 3 spl soolata võid, sulatatud
- 10 untsi vahukommi

JUHISED:
a) Vooderda 9x9 ahjuvorm küpsetuspaberiga.
b) Alusta chai vürtsisegu valmistamisega. Kombineeri kardemon, kaneel, nelk, ingver, tähtaniis ja Earl Grey tee vürtsiveskis või köögikombainis. Pulsitage, kuni vürtsid on peeneks pulbriks jahvatatud. Kõrvale panema.
c) Pange Rice Krispie teravilja suurde kaussi ja asetage see kõrvale.
d) Keskmises kastrulis keskmisel kuumusel sulatage või. Lisa chai vürtsisegu ja vahukommid. Sega, kuni kõik on põhjalikult segunenud.
e) Valage chai-vürtsidega vahukommi segu 3. etapist saadud Rice Krispie teraviljadele. Segage, kuni teravilja on ühtlaselt kaetud.
f) Tõsta Rice Krispie segu lusikaga ettevalmistatud 9x9 ahjuvormi ja suru spaatliga ühtlaseks jaotumiseks alla.
g) Asetage roog kõrvale ja laske sellel umbes 10 minutit jahtuda, enne kui hakkate lõikama ja serveerima oma veetlevaid Chai Spiced Rice Krispie hõrgutisi. Nautige!

54.Chai Spice energiapallid

KOOSTISOSAD:
- 1 ½ tassi tooreid india pähkleid (210 g)
- ½ tl koššersoola
- 1 tl kaneeli
- ½ tl jahvatatud ingverit
- ¼ teelusikatäit kardemoni
- 2 tassi Medjooli datleid, kivideta ja pakitud (380g)

JUHISED:
a) Aseta india pähklid ja vürtsid S-teraga köögikombaini. Töötle umbes minut.
b) Lisa kivideta Medjooli datlid. Töötle veel 1-2 minutit, kuni segu hakkab protsessoris kokku kleepuma. Peatage protsessor ja katsetage segu, pigistades väikese koguse peopessa; see peaks olema väga pehme ja kergesti kokku kleepuv.
c) Rullige segust 1 ¼-tollised pallid, igaüks umbes 30 g.
d) Hoidke energiapalle külmkapis õhukindlas anumas või külmutage.
e) Nautige neid maitsvaid Chai Spice Energy Ballle alati, kui vajate kiiret ja toitvat suupistet!

55. Chai-vürtsiga Snickerdoodles

KOOSTISOSAD:
- ½ tassi suhkrut
- 2 tl jahvatatud kardemoni
- 2 tl jahvatatud kaneeli
- ½ tl jahvatatud ingverit
- ½ tl jahvatatud nelki
- ¼ tl jahvatatud muskaatpähklit
- ½ tassi võid, pehmendatud
- ½ tassi lühendamist
- 1 tass suhkrut
- 2 suurt muna, toasoe
- 1 tl vaniljeekstrakti
- 2–¾ tassi universaalset jahu
- 2 tl koort hambakivi
- 1 tl söögisoodat
- Natuke soola
- 1 pakk (10 untsi) kaneeli küpsetuslaastud

JUHISED:
a) Kuumuta ahi temperatuurini 350 °F (175 °C).
b) Vürtssuhkru jaoks sega 6 esimest koostisosa.
c) Vahusta suures kausis pehme või, suhkur ja 2 supilusikatäit vürtsisuhkrut, kuni segu on kerge ja kohev, mis peaks võtma umbes 5–7 minutit.
d) Klopi sisse munad ja vanill.
e) Teises kausis vahustage omavahel jahu, tartarikoor, söögisooda ja sool.
f) Sega kuivained järk-järgult kooresegu hulka.
g) Sega juurde kaneeli küpsetuslaastud.
h) Tõsta tainas kaanega külmkappi, kuni see on vormimiseks piisavalt tihke, mis peaks võtma umbes 1 tund.
i) Vormige tainast 1-tollised pallid ja veeretage neid ülejäänud vürtsisuhkrus.
j) Asetage pallid rasvaga määritud küpsetusplaatidele 2 tolli kaugusel.
k) Küpseta, kuni need on hangunud, mis peaks võtma 11-13 minutit.
l) Eemaldage küpsised vormidest ja laske neil restidel jahtuda.

56.Vürtsitud pliidipopkorn

KOOSTISOSAD:
- 1 spl õli
- ½ tassi (100 g) kuumtöötlemata popkorni tuuma
- 1 tl jämedat meresoola
- 1 tl garam masala, Chaat Masala või Sambhar Masala

JUHISED:
a) Kuumuta sügaval ja raskel pannil õli keskmisel-kõrgel kuumusel.
b) Lisa popkorni tuumad.
c) Kata pann kaanega ja keera kuumus keskmisele-madalale.
d) Küpseta, kuni hüppamine aeglustub, 6–8 minutit.
e) Lülitage kuumus välja ja laske popkornil veel 3 minutit kaanega seista.
f) Puista peale soola ja masala. Serveeri kohe.
g) Võtke tangidega üks papad korraga ja soojendage seda pliidi kohal. Kui teil on gaasipliit, küpseta seda otse leegi kohal, puhudes ettevaatlikult põlema süttivad killud. Pöörake neid pidevalt edasi-tagasi, kuni kõik osad on küpsed ja krõbedad. Kui kasutate elektripliiti, soojendage neid põleti kohale asetatud restil ja keerake pidevalt, kuni need on krõbedad. Olge ettevaatlik - need põlevad kergesti.
h) Lao papad virna ja serveeri kohe suupistena või õhtusöögi kõrvale.

57. Masala Papad

KOOSTISOSAD:
- 1 (6–10) pakend poest ostetud papad (valmistatud läätsedest)
- 2 spl õli
- 1 keskmine punane sibul, kooritud ja hakitud
- 2 keskmist tomatit, tükeldatud
- 1–2 rohelist Tai, serrano või cayenne'i tšillit, varred eemaldatud, peeneks viilutatud
- 1 tl Chaat Masala
- Punane tšillipulber või cayenne, maitse järgi

JUHISED:
a) Võtke tangidega üks papad korraga ja soojendage seda pliidi kohal. Kui teil on gaasipliit, küpseta seda otse leegi kohal, puhudes ettevaatlikult põlema süttivad killud. Parim viis nende valmistamiseks on neid pidevalt ümber pöörata, kuni kõik osad on küpsed ja krõbedad.
b) Kui kasutate elektripliiti, soojendage neid põleti kohale asetatud restil ja keerake pidevalt, kuni need on krõbedad. Olge ettevaatlik - need põlevad kergesti.
c) Asetage papad suurele alusele.
d) Pintselda kondiitripintsliga iga papad kergelt õliga üle.
e) Sega väikeses kausis kokku sibul, tomatid ja tšillid.
f) Tõsta 2 supilusikatäit sibula segu igale papadile.
g) Puista iga papad peale Chaat Masala ja punase tšillipulbriga. Serveeri kohe.

58.Röstitud Masala pähklid

KOOSTISOSAD:
- 2 tassi (276 g) tooreid india pähkleid
- 2 tassi (286 g) tooreid mandleid
- 1 spl garam masala, Chaat Masala või Sambhar Masala
- 1 tl jämedat meresoola
- 1 spl õli
- ¼ tassi (41 g) kuldseid rosinaid

JUHISED:
a) Seadke ahjurest kõrgeimasse asendisse ja eelsoojendage ahi temperatuurini 425 °F (220 °C). Vooderda küpsetusplaat alumiiniumfooliumiga, et seda oleks lihtne puhastada.
b) Sega sügavas kausis kõik koostisosad, välja arvatud rosinad, kuni pähklid on ühtlaselt kaetud.
c) Laota pähklisegu ühe kihina ettevalmistatud ahjuplaadile.
d) Küpseta 10 minutit, poole küpsetusaja jooksul õrnalt segades, et pähklid küpseksid ühtlaselt.
e) Eemaldage pann ahjust. Lisa rosinad ja lase segul vähemalt 20 minutit jahtuda. See samm on oluline. Keedetud pähklid muutuvad nätskeks, kuid pärast jahtumist saavad nad oma krõmpsuvuse tagasi. Serveeri kohe või säilita õhukindlas anumas kuni kuu aega.

59. Chai-vürtsiga röstitud mandlid ja india pähklid

KOOSTISOSAD:
- 2 tassi (276 g) tooreid india pähkleid
- 2 tassi (286 g) tooreid mandleid
- 1 supilusikatäis Chai Masala
- 1 spl jaggery (gur) või fariinsuhkrut
- ½ tl jämedat meresoola
- 1 spl õli

JUHISED:
a) Seadke ahjurest kõrgeimasse asendisse ja eelsoojendage ahi temperatuurini 425 °F (220 °C). Vooderda küpsetusplaat alumiiniumfooliumiga, et seda oleks lihtne puhastada.
b) Segage sügavas kausis kõik koostisosad ja segage hästi, kuni pähklid on ühtlaselt kaetud.
c) Laota pähklisegu ühe kihina ettevalmistatud ahjuplaadile.
d) Küpseta 10 minutit, segades poole küpsetusaja pealt, et segu küpseks ühtlaselt.
e) Eemaldage küpsetusplaat ahjust ja laske segul umbes 20 minutit jahtuda. See samm on oluline. Keedetud pähklid muutuvad nätskeks, kuid pärast jahtumist saavad nad oma krõmpsuvuse tagasi.
f) Serveeri kohe või säilita õhukindlas anumas kuni kuu aega.

60.Chai vürtsidega röstitud pähklid

KOOSTISOSAD:
- 4 tassi soolamata segatud pähkleid
- ¼ tassi vahtrasiirupit
- 3 supilusikatäit sulatatud kookosõli
- 2 spl kookossuhkrut
- 3 tl jahvatatud ingverit
- 2 tl jahvatatud kaneeli
- 2 tl jahvatatud kardemoni
- 1 tl jahvatatud piment
- 1 tl puhast vaniljepulbrit
- ½ tl soola
- ¼ teelusikatäit musta pipart

JUHISED:
a) Kuumuta ahi temperatuurini 325 ° F (163 ° C). Vooderda äärega küpsetusplaat küpsetuspaberiga ja tõsta kõrvale.
b) Sega suures segamiskausis kõik koostisosad, välja arvatud pähklid. Maitselise segu saamiseks segage hästi.
c) Lisa kaussi segatud pähklid ja vispelda, kuni need on vürtsiseguga ühtlaselt kaetud.
d) Laota kaetud pähklid ühtlase kihina ettevalmistatud ahjuplaadile.
e) Rösti pähkleid eelsoojendatud ahjus umbes 20 minutit. Ärge unustage panni pöörata ja pähkleid poole röstimisaja jooksul ühtlaseks küpsetamiseks segada.
f) Kui olete valmis, eemaldage röstitud pähklid ahjust ja laske neil täielikult jahtuda.
g) Säilitage oma chai-vürtsiga röstitud pähkleid õhukindlas anumas toatemperatuuril maitsvaks suupisteks.

61.Kikerhernepaprikad

KOOSTISOSAD:
- 4 tassi keedetud kikerherneid või 2 12-untsi purki kikerherneid
- 1 spl garam masala, Chaat Masala või Sambhar Masala
- 2 tl jämedat meresoola 2 sl õli
- 1 tl punase tšilli pulbrit, Cayenne'i pipart või paprikat, lisaks veel puistamiseks

JUHISED:
a) Seadke ahjurest kõrgeimasse asendisse ja eelsoojendage ahi temperatuurini 425 °F (220 °C). Vooderda küpsetusplaat alumiiniumfooliumiga, et seda oleks lihtne puhastada.
b) Nõruta kikerherned suures kurnis umbes 15 minutit, et võimalikult palju niiskust lahti saada. Kui kasutate konservi, loputage esmalt.
c) Suures kausis segage õrnalt kõik koostisosad.
d) Laota maitsestatud kikerherned ühe kihina ahjuplaadile.
e) Küpseta 15 minutit. Võtke plaat ettevaatlikult ahjust välja, segage õrnalt, et kikerherned küpseksid ühtlaselt, ja küpseta veel 10 minutit.
f) Lase 15 minutit jahtuda. Puista üle punase tšillipulbri, cayenne'i pipra või paprikaga.

62. Põhja-India hummus

KOOSTISOSAD:
- 2 tassi (396 g) keedetud terveid ube või läätsi
- 1 keskmise sidruni mahl
- 1 küüslauguküüs, kooritud, tükeldatud ja jämedalt hakitud
- 1 tl jämedat meresoola
- 1 tl jahvatatud musta pipart
- ½ tl röstitud jahvatatud köömneid
- ½ tl jahvatatud koriandrit
- ¼ tassi (4 g) hakitud värsket koriandrit
- ⅓ tassi (79 ml) pluss 1 spl oliiviõli
- 1–4 supilusikatäit (15–60 ml) vett
- ½ tl paprikat, kaunistuseks

JUHISED:
a) Sega köögikombainis oad või läätsed, sidrunimahl, küüslauk, sool, must pipar, köömned, koriander ja koriander. Töötle kuni hästi segunemiseni.
b) Kui masin töötab, lisage õli. Jätka töötlemist, kuni segu on kreemjas ja ühtlane, lisades vett vastavalt vajadusele 1 spl kaupa.

MAGUSTOIT

63.Chai teekann de kreemiga

KOOSTISOSAD:
- 1 tass rasket koort
- 1 tass täispiima
- 2 spl lahtist chai tee segu
- ⅓ tassi helepruuni suhkrut
- 4 suurt munakollast
- 1 tl vaniljeekstrakti
- Näputäis jahvatatud kaneeli ja jahvatatud kardemoni (valikuline, lisamaitse saamiseks)

JUHISED:
a) Kuumuta ahi temperatuurini 325 ° F (160 ° C). Aseta veekeetja või pott veega pliidile keema. Vajate seda hiljem veevanni jaoks.
b) Sega keskmises kastrulis koor ja täispiim. Kuumutage segu keskmisel kuumusel, kuni see hakkab aurama, kuid mitte keema. Tõsta kastrul tulelt.
c) Lisa lahtine chai tee segu koore-piima segule. Kui soovid maitseid kaneeli ja kardemoniga täiustada, lisa segule ka näpuotsaga kumbagi. Segage õrnalt, et tee oleks täielikult vees.
d) Lase chai-teel koore-piima segus umbes 10-15 minutit tõmmata. Mida kauem hautate, seda tugevam on chai maitse.
e) Tee tõmbumise ajal vahusta eraldi segamisnõus munakollased ja helepruun suhkur, kuni segu on ühtlane ja kreemjas.
f) Kui tee on leotatud, valage koore-piimasegu läbi peene sõela, et eemaldada teelehed ja kõik maitseained. Teil peaks olema sile, infundeeritud vedelik.
g) Valage chai-ga segatud koore-piimasegu aeglaselt kaussi koos munakollaste ja suhkruga, pidevalt vahustades. Selle eesmärk on munade karastamine, tagades, et need ei läheks kuumusest lahti.
h) Sega segule vaniljeekstrakt. Vanill täiendab chai maitseid ja lisab magustoidule sügavust.
i) Nüüd on aeg valmistada ramekiinid või vanillikastetopsid. Jagage segu võrdselt nelja 6-untsi ramekiini vahel.
j) Aseta täidetud ramekiinid suurde ahjuvormi või röstimispannile. Loo veevann, valades suuremasse tassi ettevaatlikult kuuma vett, kuni see ulatub umbes pooleni ramekiinide külgedest.

k) Tõsta küpsetusvorm koos ramekiinidega ettevaatlikult eelsoojendatud ahju. Küpseta umbes 30-35 minutit või kuni servad on tahkunud, kuid keskosa jääb veel kergelt särisema.
l) Kui see on valmis, eemaldage ramekiinid veevannist ja laske neil veidi aega toatemperatuuril jahtuda.
m) Kata ramekiinid kilega ja hoia külmkapis vähemalt 2 tundi või kuni need on põhjalikult jahtunud ja tardunud.
n) Enne serveerimist võite Chai Tea Pot de Crème'i kaunistada soovi korral puista jahvatatud kaneeli või vahukoorega.

64.Chai teega infundeeritud pruunid

KOOSTISOSAD:
- 2 chai tee kotti
- 1 tass soolata võid
- 2 tassi granuleeritud suhkrut
- 4 suurt muna
- 1 tl vaniljeekstrakti
- 1 tass universaalset jahu
- ½ tassi kakaopulbrit
- ¼ teelusikatäit soola
- ½ tassi hakitud pekanipähklit või kreeka pähkleid (valikuline)

JUHISED:
a) Kuumuta ahi temperatuurini 350 °F ja määri 9x13-tolline küpsetusvorm.
b) Sulata või kastrulis madalal kuumusel. Lisa chai teepakkide sisu ja lase neil mõni minut tõmmata. Eemaldage teekotid ja laske võil veidi jahtuda.
c) Sega kausis sulatatud või, suhkur, munad ja vaniljeekstrakt. Sega hästi.
d) Vahusta eraldi kausis jahu, kakaopulber ja sool. Lisa kuivained järk-järgult märgadele koostisainetele ja sega ühtlaseks massiks.
e) Murra sisse hakitud pähklid (kui kasutad).
f) Vala tainas ettevalmistatud ahjuvormi ja aja ühtlaselt laiali.
g) Küpseta umbes 25-30 minutit või kuni keskele torgatud hambaork väljub mõne niiske puruga.
h) Enne ruutudeks lõikamist laske pruunidel jahtuda.

65.Chai vürtsikas flan

KOOSTISOSAD:
- 1 tass suhkrut
- 1 ½ tassi rasket koort
- ½ tassi täispiima
- 6 suurt munakollast
- ¼ teelusikatäit soola
- 2 chai tee kotti
- 1 kaneelipulk
- ½ tl jahvatatud ingverit
- ¼ tl jahvatatud nelki

JUHISED

a) Kuumuta ahi temperatuurini 325 ° F.
b) Kuumuta keskmisel kuumusel keskmisel kuumusel suhkur pidevalt segades, kuni see sulab ja muutub kuldpruuniks.
c) Valage sulasuhkur 9-tollisse lehtvormi, keerates seda vormi põhja ja külgede katmiseks.
d) Kuumuta väikeses potis koor, täispiim, chai teekotid, kaneelipulk, ingver, nelk ja sool keskmisel kuumusel, pidevalt segades, kuni see hakkab lihtsalt keema.
e) Eemaldage tulelt ja laske 10 minutit tõmmata.
f) Vahusta eraldi kausis munakollased.
g) Eemalda kooresegust teepakid ja kaneelipulk ning kalla segu pidevalt vahustades läbi peene sõela munakollaste hulka.
h) Vala segu lehtvormi.
i) Asetage vorm suurde ahjuvormi ja täitke vorm nii palju kuuma veega, et see ulatuks vormi külgede poole.
j) Küpseta 50–60 minutit või kuni plaat on hangunud ja raputamisel kergelt väriseb.
k) Eemaldage ahjust ja laske jahtuda toatemperatuurini enne külmkappi panemist vähemalt 2 tundi või üleöö.
l) Serveerimiseks aja noaga ümber vormi servade ja kummuta see serveerimisvaagnale.

66.Chai pähkli jäätise võileib

KOOSTISOSAD:
- 2 tassi soja- või kanepipiima (täisrasvane)
- ¾ tassi aurutatud roosuhkrut
- ¼ tl jahvatatud kaneeli
- ¼ tl jahvatatud ingverit
- 1 tl vaniljeekstrakti
- 1½ tassi tooreid india pähkleid
- 4 chai tee kotti
- 1/16 tl guarkummi

JUHISED:
a) Sega suures kastrulis piim ja suhkur. Kuumuta segu keskmisel kuumusel sageli vispeldades keemiseni.
b) Kui see jõuab keemiseni, alandage kuumust keskmiselt madalale ja vahustage pidevalt, kuni suhkur on lahustunud, umbes 5 minutit.
c) Tõsta tulelt, lisa kaneel, ingver ja vanill ning vahusta ühtlaseks.
d) Aseta india pähklid ja chai teekotid kuumakindla kausi põhja ning kalla peale kuum piimasegu. Lase täielikult jahtuda. Pärast jahtumist pigistage teekotid välja ja visake need ära.
e) Tõsta segu köögikombaini või kiirblenderisse ja töötle ühtlaseks, peatades, et vajadusel külgi maha kraapida.
f) Töötlemise lõpus piserdage guarkummi ja veenduge, et see oleks hästi segunenud.
g) Valage segu 1½- või 2-liitrise jäätisemasina kaussi ja töödelge vastavalt tootja juhistele. Hoia õhukindlas anumas sügavkülmas vähemalt 2 tundi enne võileibade kokkupanemist.

VÕILEIBADE VALMISTAMISEKS
h) Lase jäätisel veidi pehmeneda, et seda oleks kerge kühveldada. Aseta pooled küpsistest, põhjaga ülespoole, puhtale pinnale. Tõsta iga küpsise peale üks suur lusikas jäätist, umbes ⅓ tassi.
i) Kata jäätisele ülejäänud küpsised, nii et küpsisepõhjad puudutaksid jäätist. Vajutage küpsiseid õrnalt alla, et need tasandada.
j) Mähi iga võileib kilesse või vahapaberisse ja pane enne söömist vähemalt 30 minutiks tagasi sügavkülma.

67.India Masala Chai Affogato

KOOSTISOSAD:
- 1 lusikas masala chai gelatot või jäätist
- 1 amps chai teed
- purustatud kardemoniseemned
- purustatud pistaatsiapähklid

JUHISED
a) Aseta serveerimisklaasi kulbitäis masala chai gelato't või jäätist.
b) Valage gelato peale amps chai teed.
c) Puista peale purustatud kardemoniseemneid.
d) Kaunista purustatud pistaatsiapähklitega.
e) Serveeri kohe ja naudi India masala chai soojasid ja aromaatseid maitseid.

68.Chai-kookospiima Boba popsicles

KOOSTISOSAD:
- 1 tass valmistatud Boba
- 8 untsi Chai kontsentraati
- 8 untsi kookospiima
- 10 popsipulka

JUHISED:

a) Boba ettevalmistamine: järgige pakendi juhiseid või kui ostate seda lahtiselt, segage ¾ tassi kuivatatud boba 6 tassi keeva veega. Kui boba hakkab ujuma (mõne minuti pärast), keera kuumus keskmisele ja lase 12 minutit podiseda. 12 minuti pärast lülitage kuumus välja ja laske bobal veel 15 minutit kuumutatud vees seista. Eemalda lusikaga.

b) Kombineerige boba, chai ja kookospiim kausis või purgis ja laske 30 minutit seista.

c) Kolmekümne minuti pärast kurnake vedelik bobalt välja, jättes vedeliku alles. Tõsta boba lusikaga ühtlaselt popsivormidesse.

d) Valamise hõlbustamiseks asetage chai-piimasegu mõõtetopsi või muusse tilaga anumasse. Valage chai ühtlaselt popsivormidesse.

e) Asetage popsivormi kaas täidetud vormide peale. Lisage kaane peale fooliumileht, mis aitab popsipulgad kinnitada. Pista pulgad vormidesse ja aseta sügavkülma. Külmutage täielikult.

f) Popsikapslite eemaldamiseks vormidest lase vorme (mitte pulgaga katmata peal) mõneks sekundiks kuuma vee all, kuni popsikesed on kergesti eemaldatavad.

69.Chai Latte koogikesi

KOOSTISOSAD:
CHAI Vürtsisegu jaoks:
- 2 ja ½ tl jahvatatud kaneeli
- 1 ja ¼ tl jahvatatud ingverit
- 1 ja ¼ tl jahvatatud kardemoni
- ½ tl jahvatatud pipart

KOKKIDE JAOKS:
- 1 kott chai teed
- ½ tassi (120 ml) täispiima toatemperatuuril
- 1 ja ¾ tassi (207 g) koogijahu (lusikaga ja tasandatud)
- 3 ja ½ tl chai vürtsisegu (ülal)
- ¾ tl küpsetuspulbrit
- ¼ teelusikatäit söögisoodat
- ¼ teelusikatäit soola
- ½ tassi soolamata võid, pehmendatud
- 1 tass granuleeritud suhkrut
- 3 suurt munavalget, toatemperatuuril
- 2 tl puhast vaniljeekstrakti
- ½ tassi hapukoort või tavalist jogurtit toatemperatuuril

CHAI SPICE VÕIKREEMI JAOKS:
- 1 ja ½ tassi soolamata võid, pehmendatud
- 5,5–6 tassi kondiitri suhkrut
- 2 tl chai vürtsisegu, jagatud
- ¼ tassi rasket koort
- 2 tl puhast vaniljeekstrakti
- Näputäis soola

VALIKULINE GARNISEERIMISEKS:
- Kaneelipulgad

JUHISED:
VALMISTAGE CHAI Vürtsisegu:
a) Vürtside segu saamiseks ühendage kõik chai vürtsid. Koogitaigna, võikreemi ja kaunistuse jaoks vajate kokku 5 ja ½ teelusikatäit.
b) Kuumuta piim kuumaks (kuid mitte keemiseni), seejärel vala see chai teekoti peale. Laske sellel 20-30 minutit tõmmata. Veenduge, et chai piim oleks toatemperatuuril enne selle

kasutamist koogikestaignas. Selle saab eelmisel päeval valmis teha ja külmkapis hoida.

c) Kuumuta ahi temperatuurini 350 °F (177 °C) ja vooderda muffinipann koogivooderdistega. Valmistage teine pann 2–3 voodriga vastavalt sellele retseptile

VALMISTA KOogID:

d) Vahusta eraldi kausis koogijahu, 3 ja ½ tl chai vürtsisegu, küpsetuspulber, sooda ja sool. Pange see kuiv segu kõrvale.
e) Vahusta või ja granuleeritud suhkur käsi- või seismikseriga ühtlaseks ja kreemjaks vahuks (umbes 2 minutit). Vajadusel kraapige kausi küljed alla. Lisa munavalged ja jätka vahustamist kuni segunemiseni (veel 2 minutit). Sega hulka hapukoor ja vaniljeekstrakt.
f) Väikesel kiirusel lisage märjale segule järk-järgult kuivained. Segage, kuni see on lihtsalt lisatud. Seejärel valage mikser endiselt madalal temperatuuril aeglaselt sisse chai piim, segades, kuni see seguneb. Vältige ülesegamist; tainas peaks olema veidi paks ja aromaatne.
g) Jagage tainas koogivooditesse, täites igaüks umbes ⅔ ulatuses.
h) Küpseta 20–22 minutit või kuni keskele torgatud hambaork tuleb puhtana välja.
i) Minikookide jaoks küpseta umbes 11-13 minutit samal ahjutemperatuuril. Laske koogikestel enne külmutamist täielikult jahtuda.
j) Valmistage Chai Spice võikreem: vahustage pehmendatud võid keskmisel kiirusel kreemjaks (umbes 2 minutit) käsi- või alusmikseriga, mis on varustatud labakinnitusega. Lisage 5½ tassi (660 g) kondiitri suhkrut, koort, 1¾ teelusikatäit chai vürtsisegu, vaniljeekstrakti ja näpuotsaga soola.
k) Käivitage 30 sekundit madalal kiirusel, seejärel suurendage kiirust suurele ja lööge 2 minutit. Kui glasuur tundub kalgendatud või rasvane, lisage ühtlase konsistentsi saavutamiseks rohkem kondiitri suhkrut.
l) Vajadusel saate lisada veel kuni ½ tassi kondiitri suhkrut. Kui glasuur on liiga paks, lisa supilusikatäis koort. Maitse ja lisa soola, kui pakas on liiga magus.

m) Külmutage jahtunud koogikesed ja kaunistage vastavalt soovile. Kasutage Wilton 8B toruotsa, lisades kaunistuseks kaneelipulgad ja puistake järelejäänud chai vürtsisegu ja näputäie granuleeritud suhkru seguga.
n) Hoidke jääke külmkapis kuni 5 päeva.
o) Nautige omatehtud chai latte koogikesi!

70. Masala Chai Panna Cotta

KOOSTISOSAD:
- ¼ tassi piima
- 1 spl teelehti
- 1 kaneelipulk
- 2 nelki Kardemon
- ½ tl muskaatpähkel
- 2 tassi Värsket koort
- ⅓ tassi suhkrut
- Näputäis musta pipart
- 1 tl vaniljeekstrakti
- 1 tl želatiini
- 3 spl külma vett

JUHISED:
a) Alustuseks määrige nelja kuueuntsise ramekiini sisemusse veidi õli. Pühkige need üleliigse õli eemaldamiseks.
b) Sega kastrulis piim, teelehed, kaneel, kardemon ja muskaatpähkel. Lase keema tõusta, seejärel alanda kuumust ja lase 2–3 minutit podiseda.
c) Lisa kastrulisse koor, suhkur ja näputäis musta pipart. Vahusta tasasel tulel, kuni suhkur on täielikult lahustunud. Sega hulka vanilliekstrakt.
d) Segu podisemise ajal õitsege želatiin, lisades selle külma vette. Kui see on täielikult õitsenud, lisage see panna cotta segusse, tagades, et see on hästi segunenud.
e) Kurna segu sõela ja marli abil, et eemaldada järelejäänud setted. Jaga see ühtlane segu ettevalmistatud ramekiinidesse ja lase neil jahtuda toatemperatuurini. Seejärel hoidke neid külmkapis vähemalt 3 tundi, kuid neid võib külmkapis hoida kuni ööpäeva.
f) Panna cotta vormist lahti saamiseks tõmmake noaga õrnalt mööda iga ramekiini servi. Seejärel kasta ramekiinid korraks umbes 3-4 sekundiks sooja vette. Laske neil veel 5 sekundit seista ja seejärel pöörake need taldrikule. Puudutage õrnalt, et panna cotta vabaneks.
g) Nautige oma suurepärast Masala Chai Panna Cottat!

71. Chai-vürtsiga riisipuding

KOOSTISOSAD:
RIISI KOHTA:
- 1 ½ tassi vett
- 1 (3-tolline) kaneelipulk
- 1 terve tähtaniis
- 1 tass jasmiini riisi

PUDIGI JAOKS:
- 1 ¼ teelusikatäit jahvatatud kaneeli, lisaks veel kaunistuseks
- 1 tl jahvatatud ingverit
- ¾ tl jahvatatud kardemoni
- ½ tl koššersoola
- Näputäis jahvatatud musta pipart
- 1 tl vaniljeekstrakti
- 3 (13 ½-untsi) purki magustamata kookospiima, jagatud
- 1 tass pakitud pruuni suhkrut
- Röstitud kookoshelbed, soovi korral garneering

JUHISED:
a) Sega 4-liitrises potis vesi, kaneelipulk ja tähtaniis ning lase vesi keskmisel-kõrgel kuumusel keema. Lisa riis ja alanda kuumus madalaks. Kata pott kaanega ja auruta, kuni see pole enam krõmpsuv, umbes 15 minutit.
b) Segage väikeses kausis vürtsid. Lisage vürtsidele vaniljeekstrakt ja ¼ tassi kookospiima ning vahustage ühtlaseks pastaks. See hoiab ära vürtside kokkukleepumise, kui lisate need aurutatud riisile.
c) Kui riis on keetmise lõpetanud, lisa potti 4 tassi kookospiima ja vürtsipasta. Kraapige poti põhja, et lahti saada võimalik riis, mis võib kinni jääda.
d) Lase segul tasasel tulel kaaneta tasasel tulel keeda ja keeda segamata 15 minutit. Riisipudingi pinnale peaksid tekkima väikesed mullid; kui suured, kiiresti liikuvad mullid purustavad piima pinna, alandage temperatuuri. Ärge segage seda, sest te ei taha, et riis laguneks. Pinnale tekib nahk, kuid see on hea!
e) 15 minuti pärast lisage pruun suhkur ja segage puding (segage ka tekkinud nahka). Poti põhja kraapides kostab see nagu kahisev

paber. Hauta veel 20 minutit, sageli segades või kuni puding on paksenenud majoneesi konsistentsini.

f) Eemaldage pudingist kaneelipulk ja tähtaniis ning visake ära. Tõsta puding madalasse vormi (nagu pirukataldrik või pajaroog) ja pane kaaneta külmkappi, kuni see on külm, vähemalt 3 tundi või kuni üleöö.

g) Vahetult enne serveerimist sega juurde ülejäänud kookospiim. Tõsta puding lusikaga üksikutele serveerimisnõudele ja kaunista puista jahvatatud kaneeli ja röstitud kookoshelvestega.

h) Säilitage ülejääke suletud anumas külmkapis kuni 3 päeva.

72.Chai juustukook

KOOSTISOSAD:
CHAI VÜRTSISEGU
- 1 tl jahvatatud ingverit
- 1 tl jahvatatud kaneeli
- ½ teelusikatäit jahvatatud nelki, muskaatpähklit ja kardemoni

KOORIK
- 7 untsi Biscoffi/Speculoose küpsiseid, peeneks purustatud
- 1 untsi võid, sulatatud
- 1 ½ teelusikatäit Chai vürtsisegu

JUUSTUSTOOGI TÄIDIS
- 16 untsi toorjuust, pehmendatud
- ½ tassi kuhjaga granuleeritud suhkrut
- 2 untsi hapukoort
- 1 untsi rasket koort
- 1 vaniljekaun, kraabitud
- 2 teelusikatäit Chai vürtsisegu
- 2 suurt muna, toatemperatuuril

TOPPING
- 8 untsi raske vahukoor
- 1 tl vaniljeekstrakti
- 2 supilusikatäit tuhksuhkrut
- 2 tl kuiva piimapulbrit

JUHISED:
CHAI VÜRTSISEGU
a) Kuumuta ahi 350 F-ni ja määri 8-tolline eemaldatava põhjaga pann või 8-tolline pann. Pange see kõrvale.
b) Sega väikeses kausis jahvatatud ingver, kaneel, nelk, muskaatpähkel ja kardemon. Vahusta, kuni see on hästi segunenud. Kõrvale panema.

KOORIK
c) Lisa köögikombainis Biscoffi küpsised ja puljongi, kuni need muutuvad peeneks puruks.

d) Lisage suurde kaussi puru, 1 ½ teelusikatäit Chai vürtse ja sulatatud või. Sega kombineerimiseks.

e) Suru segu ühtlaselt panni külgedele ja põhjale. Küpseta 10 minutit ahjus.

JUUSTUKOOK

f) Lisa toorjuust labakinnitusega elektrimikseri kaussi. Lööge minut aega.
g) Lisa suhkur, hapukoor, koor, vaniljeoad ja 2 tl Chai Spice'i. Sega kuni segunemiseni.
h) Pärast segamist lisage ükshaaval munad, kuni need on segunenud. Pragude vältimiseks vältige ülesegamist.
i) Vala juustukoogisegu eelküpsetatud koorikusse.
j) Asetage pann 10-tollisele ümarale pannile või mässige paksu fooliumikihiga panni külgede ümber ja ülespoole (see takistab vee sattumist panni sisse).
k) Asetage pannid röstimispannile ja valage röstimispannile vett, kuni see on juustukoogivormide külgede kõrgusel. Olge ettevaatlik, et juustukoogi sisse ei pritsiks vett.
l) Küpseta 60–70 minutit või kuni ainult juustukoogi keskosa võdiseb.
m) Pärast küpsetamist lülitage ahi välja ja laske juustukoogil 1 tund ahjus jahtuda. Seejärel jahutage letil veel tund aega ja jahutage vähemalt 8 tundi. Ööbimine on parim.

TOPPING

n) Vahusta vispliga elektrimikseri kausis koor, vaniljeekstrakt, tuhksuhkur ja kuiv piimapulber, kuni moodustuvad tugevad piigid.
o) Lisa tähtotsaga torukotti vahukoor ja toru see jahutatud juustukoogile.
p) Puista ülejäänud Chai maitseained juustukoogi ja vahukoore peale.
q) Hoida külmkapis.

73. Masala Chai Tiramisu

KOOSTISOSAD:
MASALA CHAI KOHTA:
- 1 tass pool ja pool või täispiima
- ¼ tassi rasket koort
- ½ tolli värsket ingverit uhmrinuias jämedalt pekstud
- 1,5 spl lahtist musta teed või 3 musta tee kotti
- 1 tl chai masala
- 2 spl suhkrut

MASCARPONE VAHUTUKREEEMI JAOKS:
- 8 untsi mascarpone juustu toatemperatuuril
- 1,5 tassi rasket koort
- ½ tassi granuleeritud suhkrut (võib langeda kuni ⅓ tassi)
- 1,5 tl chai masala
- 20 daami sõrme

CHAI MASALA jaoks:
- 8 rohelist kardemoni kauna
- 2 nelki
- Näputäis aniisipulbrit
- ¼ tl muskaatpähklit, värskelt riivitud
- ¼ tl musta pipra pulbrit
- ½ tl jahvatatud kaneeli

JUHISED:
TEE CHAI MASALA:
a) Avage kardemonikaunad ja purustage uhmris peeneks seemned koos nelkidega või kasutage spetsiaalset vürtsi-/kohviveski.
b) Segage väikeses kausis pulbristatud kardemon ja nelk aniisi, muskaatpähkli, musta pipra pulbri ja jahvatatud kaneeliga. Teie chai masala on valmis.

TEE MASALA CHAI:
c) Sega väikeses potis pool ja pool ning raske koor. Seadke pliidile. Kui näete poti külgedel mullid, lisage ingver, chai masala, musta tee lehed ja suhkur.
d) Laske keema tõusta ja seejärel vähendage kuumust madalale-keskmisele tasemele. Laske chail 5-8 minutit tõmmata. Põlemise vältimiseks jälgige hoolikalt.

e) Kui chai on pruulitud ning paks ja intensiivselt pruuni värvi, kurna see teesõelaga suurde tassi ja lase jahtuda.
f) Chai jahtumisel tekib kile, mis on loomulik, nii et kurna see uuesti väikeseks tassiks.

TEE VAHUTUD MASCARPONE:

g) Lisa pehmendatud mascarpone koos chai masala ja 2-3 supilusikatäit koort. Vahusta 30–45 sekundit, kuni see on kergelt kohev.
h) Lisa kaussi ülejäänud koor ja klopi, kuni näed pehmeid tippe. Lisa aeglaselt suhkur ja jätka vahustamist, kuni näed tugevaid piike.

KOKKU TIRAMISU:

i) Kastke daami sõrmed masala chai sisse maksimaalselt 3 sekundiks (muidu lähevad need märjaks). Asetage need ühe kihina 8x8 panni põhja. Vältige naissõrmede liiga tihedalt kokkupakkimist.
j) Lisa pool vahustatud mascarpone segust ladyfingeri peale. Silu see spaatliga ühtlaseks.
k) Korrake sama teise kihiga chai-kastetud ladyfingers. Aseta peale ülejäänud mascarponesegu ja silu spaatliga ühtlaseks.
l) Kata pann toidukilega ja pane vähemalt 6 tunniks (soovitavalt üleöö) külmkappi tahenema.
m) Enne serveerimist puista veidi chai masalat.

74. Chai Spice õunakrõps

KOOSTISOSAD:

CHAI SPICE ÕUNATÄIDISEKS:
- 10 keskmise suurusega õuna, kooritud ja viilutatud ¼" viiludeks
- 2 tl värsket sidrunimahla
- 2 spl universaalset jahu
- ½ tassi granuleeritud suhkrut
- 1 ja ½ tl jahvatatud kaneeli
- 1 tl jahvatatud ingverit
- ½ tl muskaatpähklit
- ¼ teelusikatäit nelki
- ¼ teelusikatäit pipart
- ¼ tl jahvatatud kardemoni
- ⅛ tl jahvatatud musta pipart

KAERAHELBETOOLI krõbeda katteks:
- 8 untsi soolamata võid, toatemperatuuril, kuubikuteks lõigatud
- 1 ja ½ tassi vanaaegset kaera
- ¾ tassi granuleeritud suhkrut
- ¾ tassi helepruuni suhkrut, kindlalt pakitud
- ¾ tl jahvatatud kaneeli
- ½ tl jahvatatud ingverit
- ¼ tl jahvatatud nelki
- ¼ teelusikatäit pipart
- ¼ tl jahvatatud kardemoni
- ⅛ tl jahvatatud musta pipart
- 1 tass universaalset jahu

JUHISED:

CHAI SPICE ÕUNATÄIDISEKS:
a) Kuumuta ahi 375 kraadini (F). Määri 9x13-tolline küpsetusvorm kergelt õliga.
b) Asetage viilutatud õunad suurde kaussi ja raputage sidrunimahlaga.
c) Sega keskmises kausis jahu, suhkur ja vürtsid. Puista see segu õuntele ja viska korralikult katteks.
d) Vala õunasegu ettevalmistatud ahjuvormi ja tõsta purukatte valmistamise ajaks kõrvale.

KAERAHELBETOOLI krõbeda katteks:
e) Sega suures kausis kaer, suhkrud, vürtsid ja jahu.
f) Lisage kuubikuteks või ja tükeldage kahe kahvli või mikseri abil kuivainete hulka, kuni segu meenutab jämedat jahu.
g) Puista kate ühtlaselt õuntele.
h) Asetage pann ahju ja küpsetage 45–50 minutit või kuni pealt on kuldpruun ja õunad mullitavad.
i) Võta ahjust välja ja aseta pann jahutusrestile. Serveeri soojalt, eelistatavalt jäätisega.

75. Chai-vürtsiga šokolaaditrühvlid

KOOSTISOSAD:
- 200 grammi kookoskoort
- 2 tl Chai Masala/ Chai vürtsipulbrit
- 400 grammi tumedat šokolaadi, toatemperatuuril
- 2 spl kakaopulbrit, trühvlite rullimiseks

JUHISED:
a) Väikeses kastrulis soojendage koort vaevu. Lisa chai vürts.
b) Lase kreemil ja vürtsil 15 minutit tõmmata. Tugevama maitse saamiseks laske kreemil 30–60 minutit tõmmata.
c) Nüüd võid kreemi kurnata või kasutada niisama. Valisin seda kasutada pingevabalt.
d) Kuumuta koor uuesti soojaks ja lisa šokolaad. Sega õrnalt, kuni kogu šokolaad on sulanud ning sile ja läikiv.
e) Tõsta madalasse kaussi ja pane 30-40 minutiks külmkappi.
f) Kasutades väikest küpsiselussi või supilusikatäit, kühveldage välja väikesed pallid.
g) Saate neid 10-15 minutit külmkapis hoida. Veereta siledateks pallideks ja tõsta uuesti mõneks minutiks külmkappi.
h) Veereta trühvleid kakaopulbris, serveeri kohe ja naudi!

76.Chai jäätis

KOOSTISOSAD:
- 2 tähtaniisi tähte
- 10 tervet nelki
- 10 tervet pipart
- 2 kaneelipulka
- 10 tervet valget pipart
- 4 kardemonikauna, avatud seemneteni
- ¼ tassi täidlast musta teed (Tseiloni või Inglise hommikusöök)
- 1 tass piima
- 2 tassi koort (jagatud, 1 tass ja 1 tass)
- ¾ tassi suhkrut
- Näputäis soola
- 6 munakollast (vaadake, kuidas mune eraldada)

JUHISED:
a) Tõsta raskesse kastrulisse 1 tass piima, 1 tass koort ja chai-vürtsid – tähtaniis, nelk, piment, kaneelipulgad, valged pipraterad ja kardemonikaunad ning näputäis soola.
b) Kuumuta segu auravaks (mitte keemiseni) ja katsudes kuumaks. Alandage kuumust soojemaks, katke kaanega ja laske 1 tund seista.
c) Kuumuta segu uuesti kuumaks (taaskord mitte keemiseni), lisa musta tee lehed, tõsta tulelt, sega tee hulka ja lase 15 minutit tõmmata.
d) Kurna tee ja vürtsid välja peene võrguga sõelaga, valades infundeeritud piimakooresegu eraldi kaussi.
e) Tõsta piima-kooresegu tagasi paksupõhjalisse kastrulisse. Lisa suhkur piima-koore segule ja kuumuta segades, kuni suhkur on täielikult lahustunud.
f) Kui tee eelmises etapis tõmbab, valmistage jäävannil ülejäänud 1 tass koort.
g) Vala koor keskmise suurusega metallkaussi ja tõsta jäävette (rohke jääga) suurema kausi kohale. Asetage kausside peale võrgusõel. Kõrvale panema.
h) Vahusta munakollased keskmise suurusega kausis. Kalla kuumutatud piimakooresegu aeglaselt munakollaste hulka,

pidevalt vahustades, et munakollased sooja seguga karastuks, kuid mitte küpseks. Kaabi soojendatud munakollased kastrulisse tagasi.

i) Tõsta kastrul tagasi pliidile, sega segu keskmisel kuumusel puulusikaga pidevalt segades, kraapides segades põhja, kuni segu pakseneb ja katab lusika nii, et saad sõrmega üle katte jooksma ja kate ei jookseks. Selleks võib kuluda umbes 10 minutit.

j) Kui see juhtub, tuleks segu koheselt tulelt eemaldada ja valada läbi sõela jäävannile, et küpsemine järgmises etapis peatada.

KOKTEILID JA MOKTEILID

77.Chai ingveri bourboni kokteil

KOOSTISOSAD:
- 8 untsi burbooniviskit
- 1 musta tee kott
- 4 untsi ingveriõlut
- ½ untsi lihtsat siirupit
- ½ untsi värsket sidrunimahla
- 1 näputäis apelsini bitterit
- Kaunistuseks kaneelipulgad

JUHISED:
a) Kuumuta bourbon väikeses kastrulis väga madalal kuumusel, kuni see on soe; seejärel eemaldage kuumusest.
b) Lisage soojale burboonile teekott ja tõmmake 10 minutit. Laske sellel jahtuda.
c) Ühe kokteili valmistamiseks lisage kokteilišeikerisse 2 untsi chai teega infundeeritud viskit, ingveriõlut, lihtsat siirupit, värsket sidrunimahla ja apelsinimõru.
d) Katke ja loksutage, kuni see on hästi segunenud ja jahutatud.
e) Kurna segu 8-untsi jääga täidetud klaasi.
f) Kaunista kaneelipulkadega.
g) Nautige oma Chai Ginger Bourbon kokteili!

78.Chai Martini

KOOSTISOSAD:
- 2 untsi viina
- 1 untsi jahutatud chai kontsentraati
- ½ untsi värskelt pressitud sidrunimahla
- Natuke jahvatatud kaneeli
- Jääkuubikuid vastavalt vajadusele

VELGEDE KOHTA:
- ¼ tl jahvatatud kaneeli
- 2 tl suhkrut

JUHISED:
a) Ühendage jahvatatud kaneel ja suhkur ning asetage see väikesesse tassi. Hõõru jahutatud klaasi äär õrnalt laimiga ja kasta see kaneelisuhkru segusse.
b) Täida kokteilišeiker jääkuubikutega.
c) Lisa šeikerisse viin, jahutatud chai tee kontsentraat, värske sidrunimahl ja näputäis jahvatatud kaneeli.
d) Loksutage segu tugevalt umbes 30 sekundit, et koostisosad jahtuksid.
e) Vala segu martiniklaasi.
f) Lõpeta kaunistades kaneelipulgaga ja serveeri kohe."

79.Chai valge venelane

KOOSTISOSAD:
- 2 tassi Chai likööri
- 2 tassi viina
- 2 tassi rasket koort

JUHISED:
a) Valmistage Chai liköör.
b) Segage jääga täidetud vanaaegses klaasis võrdsetes osades viin ja Chai liköör.
c) Lõpeta, lisades sellele võrdse koguse rasket koort.

80.Vanilje Chai vanamoodne

KOOSTISOSAD:
- 2 untsi Crown Royal Vanilla
- 1 unts sidrunimahla
- 1 näputäis apelsini bitterit
- 1-2 untsi chai teesiirupit
- Vahuvesi, katteks
- Kaunistuseks kaneel ja tähtaniis

JUHISED:
a) Sega kokteilišeikeris Crown Royal Vanilla, sidrunimahl, apelsini bitter ja chai siirup. Loksutage hästi, et maitsed seguneksid.
b) Kurna segu klaasi.
c) Soovi korral valage see üle vahuveega.
d) Kaunista oma jooki kaneeli ja tähtaniisiga, et saada elegantsi.

81.Chai Hot Toddy retsept

KOOSTISOSAD:
- 3 tassi vett
- 1 kaneelipulk
- 6 tervet nelki
- 6 kardemonikauna, kergelt purustatud
- 2 chai tee kotti
- ¼ tassi vürtsidega rummi või burbooni
- 2 supilusikatäit mett
- 1 spl värskelt pressitud sidrunimahla või 2 sidruniviilu

JUHISED:
a) Sega keskmises kastrulis vesi, kaneelipulgad, nelk ja kergelt purustatud kardemonikaunad. Kui sul on teetõmmis, võid sinna asetada vürtsid, et vältida hilisemat kurnatust. Lase segu keema tõusta.
b) Tõsta kastrul tulelt ja lisa chai teekotid. Katke ja laske neil 15 minutit tõmmata. Seejärel kurna segu läbi peene sõela, et eemaldada teekotid ja vürtsid.
c) Tõsta vürtsikas tee tagasi pannile ja kuumuta soojaks.
d) Soovi korral segage vürtsidega rumm (või bourbon), mesi ja sidrunimahl. Sega hästi.
e) Jaga kuum toddy kahe soojendatud kruusi vahel ja serveeri kohe. Teise võimalusena serveerige iga kruusi sidruniviiluga, et pigistada mahla maitse järgi. Nautige!

82.Jõhvika Chai Sangria

KOOSTISOSAD:
- 1 ½ tassi jõhvikamahla
- 2 chai tee kotti
- 1 pudel pinot noiri
- 1 tass tsitruseliste maitsestatud seltzerit
- ½ tassi ingveribrändit
- 2 õuna, õhukeselt viilutatud
- 2 apelsini, õhukesteks viiludeks
- 1 pirn, õhukeselt viilutatud
- 1 tass värskeid jõhvikaid
- 1 kaneelipulk, lisaks veel kaunistuseks

JUHISED:
a) Kuumuta potis madalal kuumusel jõhvikamahla, kuni see on peaaegu podisenud. Eemaldage tulelt ja lisage chai teekotid. Laske neil 15 minutit tõmmata. Maitske, et kontrollida, kas see on piisavalt vürtsikas; soovi korral võid protsessi korrata uue teekotiga.
b) Sega kannus viilutatud õunad, pirnid, jõhvikad ja apelsiniviilud. Lisa kaneelipulk.
c) Valage sisse leotatud chai jõhvikamahla, pinot noir, tsitruseliste maitsestatud seltzer ja ingveribrändi. Sega hästi kokku.
d) Soovi korral laske sangrial 30 minutit seista, et maitsed sulaksid.
e) Serveerimiseks täida klaas jää ja apelsiniviiludega. Vala peale chai sangria ning kaunista mõne puuvilja ja paari kaneelipulgaga. Nautige!

83.Chai Sparkler

KOOSTISOSAD:
- 8 untsi Masala Chai kontsentraati
- 8 untsi vahuveini mineraalvett
- Natuke laimi

JUHISED:
a) Täida klaas jääga.
b) Lisa klaasile Masala Chai kontsentraati.
c) Vala sisse vahutav mineraalvesi.
d) Pigista segu peale laim.
e) Lisamiseks segage koostisosi.
f) Kaunista laimikoore või viiluga.
g) Nautige oma värskendavat Chai Sparklerit!

84.Chai vaarika limonaad

KOOSTISOSAD:
- ¾ tassi jääd
- 1 unts limonaadikontsentraati, 7+1, sulatatud
- 1 unts vaarikasiirup
- 2 untsi Original Chai Tea Latte
- 6 untsi sidruni-laimi soodat
- 2 värsket punast vaarikat
- 1 viil sidrunit, tükeldatud ja viilutatud

JUHISED:
a) Peske käed ja kõik värsked pakendamata tooted jooksva vee all. Nõruta hästi.
b) Asetage jää 16-untsisse joogiklaasi.
c) Valage limonaadikontsentraat, vaarikasiirup, chai tee kontsentraat ja sidruni-laimi sooda jääle ning segage pika varrega baarilusikaga hoolikalt läbi.
d) Tõsta vaarikad vardasse või korja.
e) Viiluta pooleldi viilutatud sidrun.
f) Asetage viilutatud sidruni- ja vaarikavarras klaasi servale.
g) Nautige oma Chai vaarikalmonaadi!

85. Chai Cooler

KOOSTISOSAD:
- ¾ tassi chai, jahutatud
- ¾ tassi vanilje-sojapiima, jahutatud
- 2 supilusikatäit külmutatud õunamahla kontsentraati, sulatatud
- ½ banaani, viilutatud ja külmutatud

JUHISED:
a) Segage segistis chai, sojapiim, õunamahla kontsentraat ja banaan.
b) Blenderda ühtlaseks ja kreemjaks.
c) Serveeri kohe.

86.Pärsia safrani ja roosi tee

KOOSTISOSAD:
- ½ tl safranikiudu, lisaks veel kaunistuseks
- 1½ untsi roosasid roosi kroonlehti ja lisaks kaunistuseks
- 4 tükki tähtaniisi, millele lisandub kaunistuseks
- 4 rohelist kardemoni kauna, kergelt purustatud
- 4 tl mett
- 2 tl sidrunimahla

JUHISED:
a) Keeda kastrulis safrani kiud, roosi kroonlehed, tähtaniis ja kardemonikaunad 5 tassi veega.
b) Kurna 6 klaasi. Sega igasse klaasi 1 tl mett ja ½ tl sidrunimahla.
c) Kaunista mõne safranikiudu, roosi kroonlehtede ja tähtaniisiga ning serveeri kuumalt.

87.Vürtsikas Baklava tee mocktail

KOOSTISOSAD:
- 1 tass tugevat keedetud kummeliteed, jahutatud
- 1 spl mett või lihtsat siirupit (maitse järgi)
- ¼ tl jahvatatud kaneeli
- ¼ tl vaniljeekstrakti
- 2 spl hakitud pistaatsiapähkel (kaunistuseks)
- Purustatud jää
- Sidruniviil (klaasi ääristamiseks)
- Hakitud kreeka pähklid (kaunistuseks)

JUHISED:
a) Valmistage tass kummeliteed ja laske külmkapis jahtuda.
b) Sega madalas tassis väike kogus jahvatatud kaneeli ja suhkrut. Äärista klaas sidruniviiluga, seejärel kasta see kaneeli-suhkru segusse, et serv katta.
c) Täida klaas purustatud jääga.
d) Segage šeikeris jahutatud kummelitee, mesi või lihtne siirup, jahvatatud kaneel ja vaniljeekstrakt. Segamiseks loksutage korralikult.
e) Kurna segu ettevalmistatud klaasi purustatud jää peale.
f) Kaunista mocktail hakitud pistaatsiapähklitega ja puista peale hakitud kreeka pähkleid.
g) Soovi korral võite lisada sidrunikeerd täiendava maitsepuhangu saamiseks.
h) Enne rüüpamist segage õrnalt ja nautige Baklava Bliss Mocktaili!

88.Roosa pipra tee

KOOSTISOSAD:
- 1 spl roosat pipart, purustatud
- 3½ untsi suhkrut
- 4 tl Darjeelingi teelehti
- 8 oksa värsket piparmündilehte

JUHISED:
a) Segage kastrulis pipraterad suhkru ja 4 untsi veega.
b) Hauta 6 minutit.
c) Kurna segu teise kastrulisse, lisa 4 tassi vett ja kuumuta keemiseni.
d) Lisa teelehed ja piparmündilehed ning hauta 1 minut.
e) Kurna tee 4 tassi.

89.Laimi ja tee Mocktail

KOOSTISOSAD:
- 2 tassi kanget keedetud musta teed, jahutatud
- ¼ tassi värsket laimimahla
- 2 supilusikatäit mett
- ½ tl riivitud laimikoort
- ¼ tl jahvatatud kardemoni
- Jääkuubikud
- Klubi sooda
- Kaunistuseks laimiviilud

JUHISED:
a) Sega kannus jahutatud keedetud must tee, värske laimimahl, mesi, laimikoor ja jahvatatud kardemon.
b) Segage hästi, kuni mesi on täielikult lahustunud ja maitsed on infundeeritud.
c) Täida klaasid jääkuubikutega ja vala tee-laimi segu jääle, jättes ülaosas ruumi.
d) Mulliva viimistluse saamiseks lisage iga klaas soodaga.
e) Särava esitluse saamiseks kaunista laimiviiludega.
f) Segage õrnalt, et maitsed seguneksid.
g) Nautige Araabia laimi ja tee mocktaili taaselustava maiuspalana.

90.Maitsestatud Chai Tango

KOOSTISOSAD:
- 2 tassi kanget keedetud chai teed
- ½ tl jahvatatud ingverit
- ¼ tl jahvatatud kardemoni
- ¼ tl jahvatatud kaneeli
- 2 supilusikatäit mett
- Jääkuubikud
- Kaunistuseks sidruniviilud

JUHISED:
a) Keeda chai teed, muutes selle kangeks.
b) Segage kausis keedetud chai tee jahvatatud ingveri, jahvatatud kardemoni, jahvatatud kaneeli ja meega.
c) Segage hästi, kuni vürtsid on täielikult segunenud.
d) Täida klaasid jääkuubikutega.
e) Kalla maitsestatud chai segu jääle.
f) Kaunista sidruniviiludega.

91. Apelsini ja granaatõuna melassi tee

KOOSTISOSAD:
- 100 ml värsket apelsinimahla
- 200 ml soodavett
- ½ supilusikatäit granaatõuna melassi
- Värskelt keedetud jäätee (valikuline)
- Jääkuubikud (valikuline)

JUHISED:
a) Valage klaasi värske apelsinimahl ja granaatõuna melass.
b) Soovi korral lisage näputäis värskelt keedetud jääteed, et saada täiendav maitsekiht.
c) Segage koostisosi, et maitsed seguneksid.
d) Kui teil on jääkuubikuid, lisage jaheduse suurendamiseks paar tükki.
e) Jooge apelsini ja granaatõuna melassi jäätee kokteili läbi kõrre ja nautige jahedat ja elavat maitset.
f) Nautige selle värskendava joogi lihtsust – ideaalne kuumaks suvepäevaks!

92. Kummel Citrus Bliss

KOOSTISOSAD:
- 2 tassi keedetud kummeliteed, jahutatud
- ½ tassi apelsinimahla
- 1 spl mett
- Kaunistuseks õhukesed apelsiniviilud
- Jääkuubikud
- Värsked kummeliõied kaunistuseks (valikuline)
- Valikuline: kaneelipulk

JUHISED:
a) Segage segamisnõus jahutatud kummelitee, apelsinimahl ja mesi, segades, kuni see on hästi segunenud.
b) Täida kaks klaasi jääkuubikutega ja vala kummeli tsitruseline Serenity jää peale.
c) Soovi korral lisa kaneelipulk soojuse ja vürtsikuse saamiseks.
d) Kaunistage iga klaas õhukeste apelsiniviilude ja võimaluse korral värskete kummeliõitega, et luua meeldiv esitus.
e) Segage õrnalt ja nautige selles Chamomile Citrus Serenity rahustavat kummeli ja tsitruseliste kombinatsiooni.

93.Hibisk-ingver kaljudel

KOOSTISOSAD:
- 1½ untsi kuivatatud hibiski- või kibuvitsaõied
- 2 nelki
- 1 tl pruuni suhkrut
- 1 tl rohelise tee lehti
- 2 tl värsket apelsinikoort
- 2 tükki värsket ingverit, peeneks riivitud
- jää

JUHISED:
a) Sega potis või kastrulis hibiskiõied, nelk ja pruun suhkur 1 liitri veega ning keeda mõõdukal kuumusel.
b) Keeda 5 minutit, kuni suhkur lahustub.
c) Lisa teelehed, apelsinikoor ja ingver.
d) Tõsta tulelt ja lase teel jahtuda. Kurna ja jahuta külmkapis.
e) Vala jahutatud tee 4 klaasi ja serveeri jääga.

94.Hibiski-viinamarja jäätee Mocktail

KOOSTISOSAD:
- 1 tass valge viinamarjamahla
- 1 tass hibiski teed
- Jääkuubikud
- ½ tassi gaseeritud vett
- Kaunistuseks apelsiniviilud

JUHISED:
a) Segage valge viinamarjamahl hibiskitee sisse, kuni see on hästi segunenud.
b) Vala segu jää peale 2 suurde klaasi.
c) Valage igasse klaasi gaseeritud vett, et lisada mocktailile kihisev element.
d) Kaunista iga klaas värske apelsini viiludega.
e) Enne rüüpamist segage õrnalt ja nautige selle Hibiscus-Grape Iced Tea Mocktaili erksaid maitseid.

95.Apelsiniõie jäätee

KOOSTISOSAD:
- 4 musta tee pakki
- 4 tassi kuuma vett
- ¼ tassi apelsiniõievett
- Suhkur või mesi (maitse järgi)
- Jääkuubikud
- Kaunistuseks apelsiniviilud

JUHISED:
a) Leota musta tee pakikesi kuumas vees umbes 3-5 minutit.
b) Lisa apelsiniõievesi ja maiusta suhkru või meega.
c) Segage hästi ja laske teel jahtuda, seejärel jahutage.
d) Serveeri jääkuubikutega, kaunistatud apelsiniviiludega.

96.Jasmin Jallab

KOOSTISOSAD:
- 6 spl datlisiirupit (silaani või datlimesi)
- 6 supilusikatäit viinamarja melassi
- 6 spl granaatõunasiirupit (või grenadiini)
- 3 tl roosivett
- Purustatud jää
- 3 spl piiniaseemneid (toores), serveerimiseks
- 3 spl kuldseid rosinaid, serveerimiseks
- 1 teepakk jasmiiniteed

JUHISED:
a) Sega karahvinis datlisiirup, viinamarja melass, granaatõunasiirup ja roosivesi.
b) Lisage segule külm vesi ja segage hoolikalt.
c) Asetage segusse teepakk jasmiiniteed ja laske sellel tõmmata.
d) Täida üksikud klaasid purustatud jääga.
e) Valage Jallabi segu igas klaasis olevale jääle.
f) Täitke iga klaas toores piiniaseemnetega.
g) Soovi korral rehüdreerige kuldseid rosinaid, asetades need väikesesse kaussi koos jasmiini teekotiga. Vala peale keev vesi ja lase seista 5-10 minutit. Nõruta ja lisa oma Jallabi jook rosinatega.
h) Serveerige kohe ja nautige Jallabi autentseid maitseid, tõelist Levanti külalislahkuse maitset. Tervist!

97. Egiptuse beduiini tee värskendaja

KOOSTISOSAD:
- 4 tl beduiini teed (või kuivatatud tüümiani või kuivatatud salvei)
- 4 tl kuivatatud orgaanilisi roosinuppusid
- 1 kaneelipulk
- 4 teelusikatäit lahtist musta teed (tavaline või kofeiinivaba)
- Soovi korral suhkur
- Sidruniviilud kaunistuseks (valikuline)

JUHISED:
a) Kuumutage teekannis või kastrulis kõrgel kuumusel 4½ tassi vett, beduiini teed, kuivatatud roosinupusid, kaneelipulka ja lahtist musta teed.
b) Kui vesi keeb, alandage kuumust ja hautage 5 minutit.
c) Lülitage kuumus välja ja hautage teed kaane all veel 5 minutit.
d) Kurna tee tassidesse, lastes aromaatsel segul õhku täita.
e) Magustage soovi korral suhkruga, kohandades soovitud magususastet.
f) Kaunista iga klaas sidruniviiluga
g) Värskendava pöörde saamiseks laske teel jahtuda ja serveerige jääl.

98. Vimtost inspireeritud Tea Mocktail

KOOSTISOSAD:
- 2 tassi kanget araabia musta teed, keedetud
- ½ tassi Vimto kontsentraati (maitse järgi)
- 1 spl mett või suhkrut (maitse järgi)
- ¼ tl jahvatatud kaneeli
- Jääkuubikud
- Kaunistuseks värsked marjad (nt murakad ja vaarikad).
- Mündilehed kaunistuseks

JUHISED:
a) Valmistage tass tugevat araabia musta teed. Võite kasutada lahtisi teelehti või teekotte vastavalt oma eelistusele.
b) Sega kannus keedetud must tee Vimto kontsentraadi, mee või suhkru ja jahvatatud kaneeliga.
c) Segage hästi, et magusaine oleks täielikult lahustunud.
d) Laske segul jahtuda toatemperatuurini ja seejärel külmkapis vähemalt tunniks jahtuma ja laske maitsetel sulada.
e) Täida serveerimisklaasid jääkuubikutega.
f) Valage Vimtost inspireeritud teemocktail iga klaasi jää peale.
g) Lisage igasse klaasi peotäis värskeid marju, et saada mahlakast headust.
h) Värskendava aroomi saamiseks kaunista piparmündilehtedega.
i) Sega õrnalt, et maitsed seguneksid ja tagada Vimto headuse ühtlane jaotumine.

99.Araabia stiilis safrani piparmündi tee

KOOSTISOSAD:
- Peotäis värskeid piparmündi lehti
- Paar safranit
- 360-480 ml vett
- Suhkur või mesi (valikuline, maitse järgi)

JUHISED:
a) Pange värsked piparmündilehed ja safran potti või teekannu.
b) Keeda vesi eraldi ja lisa potti 120 ml kuuma vett koos mündi ja safraniga. Sulgege pott ja laske sellel umbes 10 minutit tõmmata.
c) Kui see on leotatud, lisa potti ülejäänud kuum vesi.
d) Valage tee otse klaasidesse või tassidesse. Soovi korral võite seda kurnata, et saada ühtlasem tekstuuri.
e) Lisa mett või suhkrut vastavalt oma maitse-eelistustele. Sega hästi lahustumiseks.
f) Kui valmistate individuaalset tassi, saate protsessi lihtsustada, valades kuuma vett otse piparmündi ja safraniga tassi.

100.Tiibeti võitee apteegitilliga

KOOSTISOSAD:
- 3 supilusikatäit musta tee lehti
- 1 spl apteegitilli seemneid
- 8 untsi täispiima soola maitse järgi
- 8 untsi soolamata võid

JUHISED:
a) Keeda kastrulis 6½ tassi vett.
b) Lisa teelehed ja apteegitilliseemned ning hauta 15 minutit.
c) Lisa piim ja lase uuesti keema tõusta.
d) Eemaldage ja laske 2 minutit tõmmata.
e) Kurna tee suurde nõusse, lisa sool ja või ning sega korralikult läbi.

KOKKUVÕTE

Kui lõpetame oma aromaatset teekonda läbi "TÄIELIK CHAI RAAMAT", loodame, et olete kogenud meisterdamise, maitsmise ja chai elustiili omaksvõtmise rõõmu. Iga retsept nendel lehtedel tähistab erinevaid maitseid, kultuuritraditsioone ja mitmekülgsust, mida chai teie tassi toob – see annab tunnistust veetlevatest võimalustest, mida see vürtsikas jook pakub.

Olenemata sellest, kas olete maitsnud klassikalise masala chai lihtsust, võtnud omaks loomingulised chai'st inspireeritud magustoidud või katsetanud soolaseid chai'st inspireeritud roogasid, usume, et need retseptid on sütitanud teie kire chai elustiili vastu. Lisaks teekannule ja vürtsidele saab chai elustiili omaksvõtmisest lõõgastumise, ühenduse loomise allikas ja iga lonksuga kaasneva rõõmu tähistamine.

Kui jätkate chai maailma avastamist, võib "TÄIELIK CHAI RAAMAT" olla teie usaldusväärne kaaslane, juhatades teid läbi erinevate retseptide, mis näitavad selle armastatud joogi rikkalikkust ja mitmekülgsust. Siin saate nautida chai lohutavat soojust, meisterdada veetlevaid loominguid ja võtta omaks chai elustiil iga aromaatse hetkega. Chai terviseks!

www.ingramcontent.com/pod-product-compliance
Lightning Source LLC
Chambersburg PA
CBHW071324110526
44591CB00010B/1010